Deeksha Saraswat
Vinita Singh Gopalkrishnan

La programmation neurolinguistique sur la communication acoustique

**Deeksha Saraswat
Vinita Singh Gopalkrishnan**

La programmation neurolinguistique sur la communication acoustique

ScienciaScripts

Imprint

Any brand names and product names mentioned in this book are subject to trademark, brand or patent protection and are trademarks or registered trademarks of their respective holders. The use of brand names, product names, common names, trade names, product descriptions etc. even without a particular marking in this work is in no way to be construed to mean that such names may be regarded as unrestricted in respect of trademark and brand protection legislation and could thus be used by anyone.

Cover image: www.ingimage.com

This book is a translation from the original published under ISBN 978-620-4-71876-7.

Publisher:
Sciencia Scripts
is a trademark of
Dodo Books Indian Ocean Ltd. and OmniScriptum S.R.L Publishing group
Str. Armeneasca 28/1, office 1, Chisinau MD-2012, Republic of Moldova, Europe
Printed at: see last page
ISBN: 978-620-5-36314-0

Copyright © Deeksha Saraswat, Vinita Singh Gopalkrishnan
Copyright © 2022 Dodo Books Indian Ocean Ltd. and OmniScriptum S.R.L Publishing group

Contenu

REMERCIEMENTS 2

RÉSUMÉ 3

CHAPITRE - I 5

CHAPITRE - II 26

CHAPITRE - III 60

CHAPITRE - IV 94

CHAPITRE - V 111

RÉFÉRENCES 119

ACCUSÉ DE RÉCEPTION

Sur ce chemin éreintant de l'achèvement de ma thèse de doctorat, j'ai reçu un soutien et des encouragements considérables de la part de nombreuses personnes, sans la contribution desquelles ce résultat n'aurait pas été atteint. D'abord et avant tout, avec une profonde humilité et révérence, je remercie le Tout-Puissant de m'avoir donné le courage et la sagesse d'envisager de terminer ce travail de recherche.

Je suis très reconnaissant au **professeur Aditya Shastri**, vice-chancelier, Banasthali Vidyapith, qui m'a fourni un environnement éducatif favorable et les installations nécessaires sur le campus pour mener à bien cette enquête.

Je remercie vivement mon directeur de recherche, le **Dr Vinita S. Gopalkrishanan,** professeur associé à la faculté d'éducation de Banasthali Vidyapith, pour ses conseils avisés. J'exprime ma gratitude pour les suggestions opportunes fournies pendant le travail de recherche en cours.

Mes remerciements les plus sincères à tous les participants à cette étude, qui ont généreusement donné du temps et le privilège d'explorer leur esprit critique. Mes remerciements vont également au directeur et aux étudiants du B.Ed. College de Mathura, Uttar Pradesh, dont la coopération a été maintenue tout au long de la réalisation de cette étude.

Cette reconnaissance serait cependant incomplète sans mentionner mes parents **Smt. Mithlesh Saraswat & Shri Anil Kumar Saraswat.** Je leur exprime mon immense gratitude pour avoir eu foi en moi et m'avoir donné la liberté de choisir ce que je voulais. Une sincère appréciation est mise en avant pour les frères **Pavan et Utkarsh Saraswat** qui m'ont toujours patiemment écouté et constamment encouragé à chaque étape de mon travail et m'ont aidé dans chaque phase de ma recherche. Sans leurs encouragements constants, cette recherche n'aurait pas pu voir le jour. Je me considère comme le plus chanceux d'avoir une famille qui me soutient et qui m'offre son amour et sa compassion.

Enfin, ma plus profonde gratitude va à mes aînés et à mes amis, **Anupriya Kumari, Ruchi Tomar, Jaya Jain, Somya Tiwari et Ankita Mishra**, pour avoir toujours été là et m'avoir supporté dans les bons et les mauvais moments. Heureux ceux qui ont des amis comme eux.

Date :   **Deeksha Saraswat**

RÉSUMÉ

Le souci croissant de la productivité et du rendement de l'école a conduit à s'intéresser aux tactiques et stratégies d'enseignement. De plus, avec l'émergence de ces stratégies, de nouveaux moyens de transmettre les connaissances sont apparus. La neurolinguistique est l'une des techniques récentes qui permet aux apprenants de renforcer le pouvoir des compétences à l'intérieur et à l'extérieur de la classe. Bandler a souligné que la PNL offre une solution pour l'enseignement et l'apprentissage en matière de communication. La PNL ne se contente pas de gérer les situations de conflit, mais aide également à la communication, aux compétences d'entretien, à la qualité du leadership, aux rapports et à la gestion des personnes. Grâce à cet engagement et à cette motivation, les apprenants peuvent être aidés à comprendre le concept, les connaissances disciplinaires et les compétences productives. Il est donc naturel qu'un enseignant soit familiarisé avec l'utilisation de l'organe sensoriel et son intégration dans l'enseignement. Les études précédentes sur la programmation neurolinguistique et ses effets sur la communication acoustique n'étant pas prometteuses, le chercheur a décidé d'entreprendre cette étude.

Cette étude est de nature expérimentale et se base sur une conception de groupe de contrôle non équivalent avant et après le test. Parmi les vingt et un instituts de formation des enseignants de Mathura, Uttar Pradesh, deux instituts de formation des enseignants ont été choisis au hasard. Une unité d'enseignants stagiaires d'un institut de formation a été considérée comme un ***groupe expérimental (groupe PNL)*** et une autre unité d'enseignants stagiaires d'autres instituts de formation a été considérée comme un ***groupe de contrôle***. Le traitement par phase a été donné aux enseignants stagiaires du groupe NLP dans les heures de cours. Le groupe témoin, quant à lui, a poursuivi les activités normales de la classe. L'évaluation de la communication acoustique a été mesurée par l'Inventaire de la Communication Acoustique. Puis le traitement (Programmation Neuro Linguistique en 3 phases) a été suivi. L'évaluation de la réaction au programme neurolinguistique a été effectuée après la première phase et à la fin du traitement. Les autres variables telles que l'intelligence multiple, la motivation, le rapport source-répondant ont été évaluées par des outils standardisés.

Enfin, la communication acoustique des participants a été mesurée à nouveau. L'analyse des données a montré que la PNL a amélioré la communication acoustique. De plus, la communication acoustique entre les enseignants stagiaires du groupe PNL s'est avérée meilleure que celle du groupe de la méthode conventionnelle. L'interaction entre le traitement et l'intelligence multiple, le traitement et la motivation, le traitement et le rapport entre la source et le répondant, le traitement et le sexe, respectivement, a eu un effet d'interaction significatif sur la communication acoustique. Cependant, la communication acoustique s'est avérée indépendante de l'effet du traitement, de la discipline du sujet et de leur interaction. Le résultat indique que les enseignants en formation ont eu une réaction favorable tout au long de la programmation neurolinguistique, qui a augmenté à la fin du programme. Les résultats de cette étude ont des implications pédagogiques pour les administrateurs, les éducateurs, les enseignants et les stagiaires.

CHAPITRE - I

FONDEMENT CONCEPTUEL

1.0.0. INTRODUCTION

Dans le monde interactif d'aujourd'hui, nous nous changeons nous-mêmes et le monde en changeant le modèle de communication avec nous-mêmes et les autres. Dans cette vie rapide, tout le monde veut obtenir plus avec moins de mots grâce à la communication. La communication se concentre non seulement sur le ton, la modulation et le langage corporel, mais aussi sur la vitesse de transmission des mots. La communication, lorsqu'elle est utilisée au bon moment avec motivation, permet de sauver les crises et d'atteindre le succès. Ce succès augmente et diminue en maintenant la relation du son avec le monde. Elle fonctionne comme un lubrifiant qui permet à la machinerie des relations humaines de fonctionner en douceur.

Les activités humaines, telles que l'interaction quotidienne et les relations sociales, ne peuvent être couronnées de succès sans communication. Cela signifie que la communication est un prérequis de base pour tous les êtres humains. La communication fait référence à l'externalisation des instances de pensée, à l'acte d'informer et à l'ordre de faire quelque chose en utilisant les sens, à l'art de la communication qui garantit que le message est transmis intact, non diminué et non déformé. La communication est un moyen d'échanger ou de partager l'information sous forme de message. Elle tente d'aboutir à une compréhension mutuelle des faits, des principes et de la théorie.

La communication en classe permet aux enseignants d'exprimer leurs points de vue et leurs opinions avec clarté et précision. La communication est dérivée de "communis", qui signifie commun. Par conséquent, la communication est le fait d'avoir une expérience commune avec des personnes telles qu'un enseignant avec des étudiants, un étudiant avec un étudiant, un enseignant avec un enseignant, un enseignant avec un parent. La communication est un moyen de partager des idées et des sentiments avec un consentement mutuel. Ainsi, un élément d'information, de connaissance, d'idées, de pensées, de sentiments et d'émotions est échangé entre un communicateur et un récepteur avec un consentement mutuel, en face à face ou par le biais des médias. La communication est la clé maîtresse de la civilisation moderne, qui affecte le monde entier de manière aussi large que merveilleuse.

Dans toutes les civilisations, les relations et la coopération ont été utiles pour exprimer nos idées en parlant, en écrivant ou en utilisant le langage corporel de manière appropriée, quelles que soient les circonstances actuelles. Une communication efficace implique la révélation de soi, la clarté de l'expression, la gestion des sentiments et une image de soi claire et objective. La communication efficace est un facteur important du développement de la personnalité pour communiquer dans une large mesure et décider de notre succès dans la vie.

La communication implique des échanges par perception sensorielle de manière interactive. Elle aide à présenter des idées en classe ou en dehors de la classe de manière sociale, ce qui montre la relation entre l'enseignant et l'apprenant de manière psychologique et implique des modèles formels ou informels impliquant le temps et la période. Cette transaction d'idées implique un communicateur, un récepteur, un message, un symbole, un canal, un codage, un décodage, un retour d'information et un bruit, comme décrit ci-dessous :

1. **Communicator** - Communicator est la source de la communication. Toute communication nécessite une source. Toute communication commence par la source ou l'expéditeur. Les expéditeurs ont une information, un point de vue, un besoin qu'ils veulent transmettre à une autre personne.

2. **Encodage** - Il s'agit de résoudre le problème du message. Il procède par l'utilisation de symboles pour envoyer le message. Les idées sont converties en un dialecte particulier ou en un ensemble de symboles, notamment sous forme de langage.

3. **Message** - Le message comprend des caractères verbaux ou non verbaux, des gestes, des indices, des mouvements, des figures ou des mots envoyés par la source. Le but de la source est exprimé sous la forme du message.

4. **Canal** - Le canal est utilisé comme support pour transmettre le message. C'est le lien connectif entre la source et le récepteur. Les canaux sont des perceptions sensibles qui comprennent le visuel pour la vue, l'audio pour l'ouïe, le tactile pour le toucher, le gustatif pour le goût et l'olfactif pour l'odorat.

5. **Décodage** - Le décodage fait référence au récepteur qui déduit ou comprend le sens des idées communiquées à partir du message déchiffré.

6. **Récepteur** - Le récepteur est l'extrémité où le décodage du message s'effectue de la même manière qu'il a été transmis. Le message est reçu et interprété.

7. **Retour d'information** - Le retour d'information est la réponse du récepteur qui permet à l'expéditeur de déterminer si le message a été reçu et compris. Ainsi, le récepteur décode et interprète un message. Il devient une source.

8. **Bruits** - Les bruits sont une cause de mauvaise communication. Il indique la distorsion du message. Il peut être extérieur ou intérieur à la source ou au récepteur.

Ainsi, la communication est un processus de partage de l'information par l'utilisation de symboles. Elle implique différents moyens qui se concentrent sur la conversation en face à face, par des signaux manuels et des messages envoyés par des réseaux de télécommunication mondiaux via des médias imprimés et électroniques. Les moyens de communication les plus courants sont donc la parole, l'écriture, les gestes et la diffusion. Sur la base des formes, la communication est classée en deux types : la communication non verbale et la communication verbale.

1. Communication non verbale

La communication non verbale désigne une interaction ou un contact sans paroles. De nombreuses informations sont transmises par la communication non verbale. La gestuelle est la forme la plus courante de communication non verbale. Il ne s'agit pas seulement de mouvements des mains, mais aussi de mouvements du visage et du corps. Un poing serré, des dents dénudées, des froncements de sourcils, des postures où la langue est tirée, des hochements de tête significatifs, des expressions faciales, le silence, tout cela contribue à révéler l'humeur de l'orateur. Les pauses ou / et la modulation de la voix sont également des types de communication non verbale.

Les gestes qui accompagnent la communication verbale mettent l'accent sur ce qui est dit. Les gestes révèlent souvent le sens psychologique des mots. L'utilisation habile des gestes et de l'expression améliore la communication en classe. Toutefois, il faut éviter les mouvements évidents, comme le fait de rôder devant et derrière, ou les mouvements excessifs du corps et des mains. Il s'agit d'une communication inter personnelle dans laquelle l'interaction se poursuit par un contact visuel entre le communicateur et le récepteur. Le récepteur fournit un retour immédiat et a la possibilité de clarifier et de comprendre le message en posant des questions et en clarifiant ses doutes. Cette phase est réalisée lorsque l'interaction se fait entre une machine et un humain.

2. Communication verbale

La communication verbale s'effectue par des mots prononcés. Elle se fait en face à face, par téléconférence, par téléphone, par messagerie vocale. Grâce à cette communication, le message est transmis plus rapidement et le retour d'information est immédiat. Elle a un impact grâce à la connectivité personnelle. La communication verbale n'est pas toujours sans communication non verbale. C'est le son, sa hauteur et sa modulation qui transmettent le message. Pourtant, l'interprétation du message dépend entièrement de la sensibilité et de l'aptitude à décoder le son.

Les signaux sonores et vocaux sont des moyens de communication efficaces. Ces signaux représentent l'attention du répondant et son accord pour le message qu'il communique. Les signaux sonores et vocaux fonctionnent comme des messagers efficaces de la pensée et des actions. Le son est interprété en fonction de sa hauteur, de son intensité et de la situation du moment. Par exemple, le sifflement est utilisé pour taquiner, attirer l'interprétation du son et faire une remarque à quelqu'un. Il est donc essentiel de connaître la communication lors des interactions.

1.1.0. COMMUNICATION ACOUSTIQUE

Tout le monde interagit avec tout à l'aide du son et celui-ci forme le comportement de l'auditeur, y compris une réaction qui n'est pas liée à l'expérience auditive. La perspicacité intellectuelle disciplinaire, le langage initial et la tradition traitent de l'isolation sonore de l'environnement du monde réel. Ces disciplines mettent en évidence le comportement du son dans un contexte idéalisé et affectent le comportement humain et leur impact sur l'urbanisation (Traux, 1984).

Dans une salle de classe, lorsqu'un objet physique vibre, un son est produit. La vibration des molécules d'air ou du milieu le plus proche crée une compression dans toutes les directions possibles loin de la source. Ces collisions d'ondes fonctionnent comme un son pour le tympan. Le tympan détecte les perturbations dans les neurones sensoriels de l'oreille interne. Le vivant et le non-vivant créent tous deux des sons. Les signaux vocaux sont présentés dans la salle de classe entre les élèves et le professeur par le biais de "sons directs et réfléchis". Le son voyage de façon linéaire jusqu'à l'auditeur sans réflexion.

Malgré l'importance de la communication dans la société contemporaine, l'écoute est un simple phénomène qui n'a que peu d'importance, si ce n'est qu'il se produit de manière oppressante avec le son de haute intensité de la technologie audio et informatique. L'acoustique est liée au son, la communication acoustique est donc la forme de communication qui utilise le son. La communication acoustique est le partage de points de vue, d'idées, d'informations, de pensées qui impliquent le son du point de vue humain en termes d'écoute et de parole. La communication acoustique est la manière la plus générale de décrire le phénomène impliquant le son d'un point de vue humain. Elle expose le comportement interdépendant du son, où l'auditeur et l'environnement sont le *cadre de l'association*, et non des entités séparées. Le locuteur, qui crée le son, est le fabricant du son. Ce son, lorsqu'il revient à l'oreille, est souvent terne à cause de l'environnement. La nature systématique de la communication acoustique est liée par une réaction en chaîne à un changement positif.

La communication acoustique, lorsqu'elle est réalisée dans une salle de classe, est connue sous le nom de communication acoustique en salle de classe. Comme mentionné précédemment, la communication acoustique est souvent négligée dans l'environnement d'apprentissage. En général, ce qui nous affecte le plus est ce que nous connaissons le moins. Les enseignants et les élèves, ou entre deux ou plusieurs élèves, utilisent la parole pendant les activités en classe, ce qui représente 60 % de l'activité totale. Cela indique l'importance d'environnements de communication clairs (ANSI, 2002). L'acoustique de la communication en classe a un effet sur l'assimilation de la parole, la dextérité en lecture et en orthographe, le comportement en classe, l'attention, le niveau de concentration et les résultats de l'apprentissage scolaire d'un élève. Estrada (2009) a constaté que l'attention et la motivation de l'élève pendant la participation en classe affectent la communication acoustique. Le conditionnement acoustique aide l'élève à améliorer ses résultats scolaires (Cheryan, 2014). Une salle de classe idéale doit inciter chaque élève à participer au processus d'apprentissage. L'environnement de la classe devrait soutenir le besoin de communication verbale pendant les activités d'enseignement.

Par conséquent, pour *accroître la diversité des types de communication, l'enseignant utilise souvent des ressources audio telles que la radio, les cassettes, l'ordinateur, la télévision et la vidéo* (Ishihara, 2012). La méthode du cours magistral, bien qu'elle soit plus utilisée, comporte moins de communication bidirectionnelle que la méthode du tutorat. Il est plus important de savoir comment la communication peut être rendue efficace (Kiri, 2015). Fondamentalement, ces méthodes peuvent être rendues efficaces en connaissant les paramètres de la communication acoustique en classe. La communication acoustique implique des paramètres tels que le bruit de fond, le temps de réverbération, le rapport signal/bruit.

La communication acoustique en classe est améliorée par l'utilisation de sources visuelles pour obtenir des résultats élevés en matière de contenu. ***Les sources visuelles se concentrent sur les informations qu'elles fournissent et aident à réviser les stratégies d'encadrement des points clés. Elles améliorent les habitudes d'écoute active des élèves.*** Elles réduisent le problème de la gestion du bruit de fond dans la classe. Une bonne salle de classe se concentre sur les indices vocaux qui aident à surmonter le problème de la voix et de la fatigue. Une salle de classe mal acoustique affecte la relation entre l'élève et le professeur. La relation entre l'élève et le professeur est améliorée par des activités individuelles et collectives.

Les activités individuelles et de groupe impliquent des moyens de communication de type "un à un", "plusieurs à un", "plusieurs à plusieurs". Cela permet de communiquer de manière complexe et simple. Il s'agit d'une information interpersonnelle dans laquelle l'interaction se fait face à face. La communication acoustique se concentre sur l'écoute et la parole.

1). Parler

Elle se produit lorsque l'on veut dire, raconter, parler ou faire la morale. L'expression orale est l'une des compétences les plus rapides, les plus simples et les plus directes que l'on puisse apprendre. Aujourd'hui, les enseignants consacrent 85 % du temps de classe à l'expression orale. Pour une prise de parole efficace en classe, les enseignants établissent un ***contact visuel*** avec l'auditeur et se concentrent également sur les idées de l'auditeur. L'enseignant ***discute d'un seul point à la fois*** et évite tout sentiment d'hostilité. Il contribue au rythme de la présentation et respecte la valeur de tous les individus.

La parole est la présentation d'un discours qui implique le son du locuteur qui le rend interprétable comme un mot. Les sons sont transmis par un canal auditif sous forme d'onde sonore et sont reçus par l'auditeur.

2). Écoute

L'écoute consiste à saisir le sens de ce que l'expéditeur essaie de dire. L'écoute est efficace si l'on entend l'interlocuteur et que l'on ne le devance pas. Cela aide à se concentrer sur ce qu'il/elle dit vraiment. Un meilleur auditeur ne doit pas remplir de mots les pauses de la conversation et les phrases inachevées. L'enseignant retarde sa réaction jusqu'à ce que l'orateur s'épuise ou jusqu'à ce que l'élève parvienne à une compréhension de base de la question traitée. Il réfléchit pour obtenir des éclaircissements.

L'écoute consiste à prêter attention aux mots et aux phrases de l'orateur, ce qui implique les ondes sonores. C'est la capacité individuelle à corriger le message reçu, à l'interpréter et à le transférer à une autre personne par le biais de la communication.

Dans notre pays, 25 à 30 % des élèves ne sont pas en mesure de comprendre ce qui se dit en classe. Le bruit excessif et le temps de réverbération empêchent les élèves de comprendre la voix de l'enseignant. Cela se produit en classe parce que les ondes sonores entrent en contact avec les surfaces des murs d'une pièce fermée, ce qui modifie l'énergie et la direction du son. Cette allitération du son n'affecte pas seulement la perception auditive mais modifie également l'évaluation subjective des conditions acoustiques dans la salle de classe. On parle alors de problèmes acoustiques. Certains problèmes acoustiques rencontrés dans les salles de classe sont le temps de réverbération, le bruit de fond et le rapport signal/bruit.

Le bruit de fond est défini comme une perturbation auditive qui interfère avec l'activité d'écoute des élèves dans la classe et avec ce que l'auditeur entend à l'intérieur de la classe. Il est généralement introduit par la fenêtre de la salle de classe. Les élèves qui travaillent avec excitation émettent inévitablement des sons de forte intensité dans une salle de classe interactive. Il existe d'autres sources qui n'ont pas d'effet positif sur l'environnement d'apprentissage mais qui constituent un obstacle à la communication, comme le bruit provenant de l'extérieur du bâtiment. Le bruit de fond est une perturbation auditive d'un apprenant qui écoute dans une pièce (Crandell, C. C., & Smaldino, J. J, 2014). Une perturbation excessive en classe a un impact négatif sur l'apprentissage et les performances des élèves. Le bruit de fond maximal autorisé pour une salle de classe permanente provenant d'une source extérieure et intérieure est de 35 dbA et de 41 dbA pour une salle de classe déplaçable, la conversation moyenne est d'environ 65 dbA et la baisse maximale admissible du niveau sonore est de 38 dbA (ANSI, 2017). Le bruit de fond dépend des antécédents de l'élève et de l'enseignant et de leur expérience. Bianchi (2007) *explique que l'expérience des enseignants affecte la clarté de leur discours, leurs préférences linguistiques et les caractéristiques acoustiques de la production des mots.*

Facteur de communication acoustique, le ***temps de réverbération*** est le premier son qui se désagrège sans toutefois arrêter la source du son. Ce processus se poursuit lorsque l'onde sonore a été absorbée ou a été dissipée. Dans une salle de classe, l'intelligibilité de la parole augmente en réduisant le temps de réverbération dans des limites acceptables. Le niveau sonore global d'une pièce peut être augmenté en utilisant une absorption supplémentaire. Une surface ayant un faible pouvoir d'absorption signifie que le son peut rebondir dans la pièce. Cela indique également que le son revient à l'oreille de l'élève à des moments différents. Si le son est brouillé, il est difficile d'écouter et de comprendre le message. Un temps de réverbération court a un effet considérable sur l'apprentissage. Lorsque les ondes sonores frappent les surfaces des sols, des murs, des plafonds. Ces ondes sonores sont réfléchies dans l'espace et une réverbération se produit. Ce processus se poursuit jusqu'à ce que toutes les ondes sonores aient été absorbées ou se soient dissipées (Bess, F. H.). Le temps de réverbération est la propriété de la source sonore et de la pièce dans un système acoustique comme dans la réponse impulsionnelle. Le temps de réverbération est mesuré par des paramètres acoustiques et analysé par le comportement acoustique du son. Le temps de réverbération est de 0,6 seconde dans une petite pièce et de 0,7 seconde dans une grande pièce dans une salle de classe inoccupée (ANSI, 2017). Le ***temps de réverbération dépend également du sexe et de l'intelligence des locuteurs.*** Pepiot (2013) révèle que les hommes et les femmes ont des variations linguistiques en référence à la voix, la gamme et les formants vocaliques. D'autre part, l'étude de Vasconcelos, (2014) met en évidence l'intelligence du locuteur qui affecte le comportement de parole pendant la communication en classe.

Le troisième facteur, le ***rapport signal/bruit*** (SNR), est le rapport entre la voix de l'enseignant (son désiré) et le bruit de fond agréable ou désagréable (équipement mécanique). Des chiffres plus élevés indiquent une meilleure performance acoustique. ***Le rapport signal/bruit est plus favorable au comportement d'écoute "lorsque la distance entre l'orateur et l'élève diminue.*** Ainsi, différentes positions dans une salle de classe peuvent avoir des SNR distincts. Par exemple, le rapport signal/bruit est généralement élevé à l'avant de la classe ou loin de la source de bruit et il est faible au fond de la classe ou près de la source de bruit. Les SNR sont généralement les plus faibles à l'arrière de la classe ou près d'une source de bruit (par exemple, l'unité de climatisation (Seep, B. et al.). Un bruit de fond excessif dans les écoles a un effet négatif sur l'apprentissage et les performances des élèves". Les élèves assis au premier et au dernier rang ont une compréhension différente du discours de l'enseignant

(CertainTeed Ceilings). La voix de l'enseignant dans la salle de classe doit toujours être plus forte que le bruit de fond pour être comprise par les élèves. Le rapport signal/bruit est la différence entre la voix de l'enseignant et le bruit de fond qui est de +15db (ANSI). Cela signifie que si le rapport signal/bruit est faible (le niveau sonore dans la classe est élevé), l'enseignant devra parler fort pour que les élèves comprennent bien. Si le rapport signal/bruit est élevé, le message de l'enseignant est mieux compris par les élèves. Seon (2014) a constaté que plus d'étudiants dans la classe, affecte l'énergie sonore de l'enseignant et crée également un bruit positif dans la classe. Les effets du bruit de fond sont généralement réduits en utilisant des tapis et des moquettes dans la salle, en accrochant des rideaux aux fenêtres, en fermant les fenêtres et les portes, en évitant les classes ouvertes lorsque le nombre d'étudiants est plus élevé, en évitant que tous répondent à la question en même temps, en éteignant les équipements bruyants lorsqu'ils ne sont pas utilisés, en évitant les discussions lors de l'utilisation d'aides audiovisuelles ou en plaçant les tables de manière circulaire,

Les enseignants et les étudiants doivent donc être sensibilisés à la communication acoustique et à ses paramètres. Ces paramètres peuvent bien sûr contribuer au développement de l'interaction entre enseignants et élèves. C'est la pratique consciente de la parole et de l'écoute qui peut améliorer la compréhension de la communication acoustique. Mais si cette pratique des compétences réceptives et productives est entreprise dans le cadre de la technologie et de l'innovation éducative, il faudra accepter un changement dans le processus éducatif. L'une de ces stratégies est la programmation neurolinguistique (PNL).

1.2.0. PROGRAMMATION NEUROLINGUISTIQUE

La programmation neurolinguistique (PNL) fait référence à l'expérience intérieure de l'individu (neuro), en référence à son langage (linguistique) à travers des modèles de comportement (programmation). Il s'agit d'une étude de l'expérience humaine axée sur l'esprit et le langage qui fonctionne comme un miroir de l'être intérieur. La PNL est un mode d'assimilation ordonnée et profonde de la connaissance de l'expérience humaine. La PNL possède ses propres modèles et stratégies d'enseignement et d'apprentissage et accorde une attention particulière à la communication.

La programmation neurolinguistique (PNL) a été développée par John Grinder et Richard Bandler en 1970. Il s'agit d'une méthode de communication et de développement personnel. La PNL est un pont émotionnel qui aide l'enseignant et l'étudiant et les motive tous deux à apprendre. "La PNL est un modèle qui peut être utilisé pour comprendre les schémas de pensée, de comportement et de langage et pour traduire ce que vous observez en méthodes permettant d'atteindre des résultats spécifiques" (Kite, Neilson)[17]. Ces résultats peuvent concerner le développement de l'organisation, l'apprentissage et la relation entre l'orateur et l'auditeur. "La programmation neurolinguistique, en tant que modèle de communication interpersonnelle, s'intéresse principalement à la relation entre les modèles de comportement réussis et les expériences subjectives (en particulier les modèles de pensée) qui les sous-tendent" (Bandler).[18] Ainsi, la PNL offre une solution pour l'enseignement et l'apprentissage en matière de communication. Il s'agit d'un processus dynamique permettant à un individu de comprendre les autres et de représenter sa propre carte pendant la communication.

La PNL se concentre sur la représentation visuelle, auditive, kinesthésique et linguistique des personnes, dont 40% sont visuelles, 30% acoustiques et 30% kinesthésiques. Elle montre le processus mental de la pensée, de la mémoire, de l'imagination, de la perception et de la conscience. Il aide à la communication et à l'interprétation. Le processus de communication est en effet un processus qui est également affecté par la relation entre le locuteur et l'auditeur. Cette relation est effectivement influencée par le comportement et comprend la pratique de la relation et de la communication, les compétences d'entretien, le leadership et la gestion des personnes, la gestion des conflits, la gestion du stress. Elle permet également de gérer les attentes lorsque les choses semblent mal tourner. Ainsi, le développement individuel par le biais de la PNL est basé sur la compréhension de leurs modèles de langage et de comportement de manière naturelle et significative, ce qui permet de les rendre plus ingénieux et efficaces.

L'observation et la compréhension significatives des modèles de comportement améliorent l'écoute et le calibrage de la neurophysiologie et fournissent également une meilleure compréhension à utiliser sur la base de l'installation d'un excellent comportement. Une meilleure compréhension de ces modèles est rendue possible pour le comportement présent à la fois chez soi et chez les autres. Cela aide à créer des choix pour la modification, les changements et l'amélioration de l'individu pour l'apprentissage ou le modèle pour les autres, c'est un processus de toute une vie pour se magnifier soi-même et le potentiel positif pour des choses illimitées qui est seulement limité par sa propre imagination.

Cette imagination et cette réalité diffèrent selon l'intelligence de l'interlocuteur. L'intelligence est importante pour résoudre les problèmes interpersonnels. Lors de problèmes, la personne fait preuve d'une intelligence supérieure à la moyenne, affiche un comportement inapproprié, ignore souvent l'efficacité de son entourage et s'organise de manière générale. En revanche, une personne intelligente utilise son intelligence avec autodétermination, maîtrise de soi et fait preuve d'empathie lorsqu'elle parle.

L'autodétermination est la capacité ou le droit de prendre ses propres décisions sans interférence des autres. C'est le plan de vie pour avoir, mettre en œuvre, revoir le feedback et ainsi modifier le discours pour une meilleure compréhension. Elle implique le son pour commencer et terminer les choses. De même, la maîtrise de soi est la capacité à maîtriser ses désirs et ses impulsions pour prendre conscience et mieux comprendre son comportement dans toutes les situations. Un tel apprenant examine, comprend et modifie le travail pour être plus ingénieux et moins représentatif pour être agrandi. L'empathie est l'identification ou la compréhension des pensées, des sentiments ou de l'état émotionnel d'une autre personne.

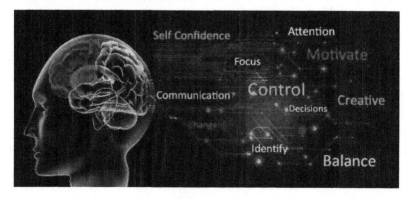

Pourtant, pendant la communication, la lecture de l'esprit et la projection du comportement sont des comportements de deux choses. Lorsque l'apprenant pense que ce qu'il voit, entend ou communique avec une autre personne, il l'interprète et s'en sert comme modèle pour le monde. À moins que l'apprenant ne connaisse suffisamment cette personne, il doit calibrer la totalité de sa communication sensorielle et physique et en tirer ses propres conclusions. L'observation exquise et les compétences de calibrage se produisent dans la situation réelle de la classe. La communication reçoit des formes internes et externes qui se souviennent de cette communication. En d'autres termes, vous vous projetez consciemment ou inconsciemment à l'extérieur en permanence.

La PNL aide à faire des choix et à adopter des comportements dans notre vie. Elle aide à trouver les capacités qui permettent de savoir comment et comment bien faire les choses. Les capacités sont un niveau logique de changement. Les compétences que vous avez dans n'importe quel aspect de votre vie, le niveau de compétence dépend de la façon dont vous les utilisez. Connaître le comportement de l'apprenant, c'est-à-dire ce qu'il fait, comment il pense/ communique dans l'environnement de la classe, les résultats qu'il veut obtenir. Ce qu'un enseignant veut communiquer.

La PNL suit les présupposés suivants : "*la carte n'est pas le territoire, l'expérience a une structure, la perception est une projection, l'effet n'est pas le problème - la cause l'est, toute signification dépend du contexte, les présupposés du choix, l'intention positive est sous-jacente à tout comportement, la signification de votre communication est la réponse que vous obtenez, il n'y a pas de temps, seulement du feedback, si ce que vous faites ne fonctionne pas, faites autre chose. Toute autre chose, la loi de la variété nécessaire, les gens fonctionnent parfaitement. Nous avons déjà toutes les ressources dont nous avons besoin, si une personne peut faire quelque chose, tout le monde peut se pencher pour le faire, et toutes les procédures devraient augmenter la plénitude, l'esprit et le corps font partie du même système.* " (Kross E, 2012)

La carte, si ce n'est le territoire, indique que les personnes ne présentent pas un comportement favorable. Le langage et le comportement ne donnent que des indices sur une personne entière. Les gens se comportent différemment selon les circonstances. Ils apprennent à se connaître, à accepter la personne et, par la suite, à gérer leur comportement. L'*expérience* a une structure qui indique que les valeurs et les croyances d'une personne peuvent être modifiées si l'entrée sensorielle est examinée par l'esprit par rapport aux souvenirs existants, qui sont conservés dans des modèles structurés. Lorsqu'une personne change la structure de sa mémoire, elle peut changer l'avenir. Elle pourra anticiper les opportunités positives de la vie. La *perception* est une projection qui représente la vie en général. L'expression "l'effet n'est pas le problème, c'est la cause qui l'est" signifie que lorsqu'une personne est capable de vivre un aspect de sa vie en fonction de la cause, elle est capable d'atteindre les objectifs à court ou à long terme qu'elle souhaite. Toute signification dépend du contexte, ce qui nous invite à réfléchir un instant aux changements positifs qu'une personne opère dans sa vie lorsqu'elle transfère un état positif dans ce qui était auparavant une situation négative. La présupposition de choix représente le fait qu'une personne a vécu une expérience moins réussie que souhaitée. Il faut donc reconnaître sa responsabilité envers l'enseignement et prendre des décisions, passer à la cause, faire des choix plus éclairés et plus productifs et voir les avantages qui en découlent. Le comportement de chaque enseignant est sous-tendu par une intention positive qui indique quand il donnera la satisfaction d'enseigner et l'affinité d'une abstraction équivalente. Un enseignant peut très bien avoir l'intention positive la plus élevée lorsqu'il/elle essaie de réaliser l'objectif positif qui a motivé tout comportement antérieur peu ingénieux. Le sens de la communication est la réponse que l'on obtient et qui indique que les étudiants comprennent et peuvent communiquer. Un enseignant doit interpréter les signaux et apprendre à travers les modèles de regard et les prédicats, afin de pouvoir choisir de modifier le comportement et de communiquer pour obtenir la réponse souhaitée. Il n'y a pas d'échec, seul le feedback indique l'attitude de l'esprit. Une personne peut en voir une autre comme, dans son modèle du monde.

Dans une classe, les apprenants ne voient pas forcément les choses de cette façon. Ils peuvent ne pas ressentir d'échec ; ils peuvent avoir une disposition positive, considérant chaque manquement et chaque performance souhaitée ou prévue comme une occasion d'apprendre. Il faut apprendre aux apprenants que si ce que vous faites ne fonctionne pas, faites autre chose. Tout ce qui est différent représente la stratégie ou le style de vie de cette personne qui ne produit pas les résultats qu'elle désire ou qu'elle attend. Ils peuvent revoir tous les aspects de leur action. Cela inclut non seulement les choses mécaniques et pratiques du quotidien, mais aussi ce qu'ils font en eux-mêmes et avec eux-mêmes. La loi de la variété nécessaire signifie que les apprenants ayant de la flexibilité et de l'adaptabilité finiront par contrôler le système. La responsabilité est la cause du succès. Si une personne peut contrôler la communication, tout le monde peut apprendre à le faire. Cela montre que la personne comprendra et réalisera les possibilités de plus en plus, ce qui est une conscience responsable.

Ces présuppositions se produisent lorsque des événements extérieurs viennent à l'esprit. L'esprit commence à faire du filtrage. Cela inclut la suppression, la déformation et la généralisation. Les étudiants ont beaucoup d'informations à l'esprit mais ils veulent des informations plus pertinentes à exécuter ou à transmettre sous forme linguistique. Ils veulent omettre certaines informations pour les rendre contextuelles et les gérer. La suppression inclut le principe du "moins c'est plus". Souvent, les étudiants déforment l'information pour la comprendre et l'apprendre. La déformation a des aspects positifs et négatifs. L'aspect positif de la distorsion est de se concentrer sur l'apprentissage et la motivation tandis que l'aspect négatif est de créer des erreurs et des malentendus. La dernière forme est la généralisation, qui consiste à obtenir des informations pour tirer des conclusions importantes. La généralisation excessive est la raison d'une mauvaise orientation. La généralisation comprend le langage, les souvenirs, les décisions, les méta-programmes, les valeurs, les croyances et les attitudes. Le processus de communication comprend la représentation interne qui sert de médiateur à l'état interne et représente la physiologie. C'est grâce à cette physiologie que le comportement est exprimé.

Le comportement basé sur la PNL se concentre donc sur les *croyances, les valeurs, les décisions et les souvenirs des* individus. Cela permet également de filtrer le comportement. Lorsque les apprenants trouvent un conflit entre l'atmosphère d'apprentissage et leur expérience antérieure, ils prennent un jugement au nom des croyances et des valeurs présentes en eux. Lorsque les croyances antérieures sont désactivées, les apprenants évitent la situation de prise de risque. Chaque apprenant a besoin de savoir ce qui est bon ou mauvais pour lui, ce qu'il veut et ce qu'il ne veut pas. Ces décisions peuvent être prises à l'aide des valeurs. L'apprenant veut choisir le déconditionnement requis, les techniques appropriées pour de nouvelles expériences d'apprentissage doivent être incluses. Ces techniques suivent certaines sous-modalités.

Les sous-modalités sont les codes-barres des expériences et permettent une distinction plus fine des systèmes de représentation. Les distinctions fines des systèmes de représentation sont dues à des caractéristiques de qualité différentes. Les sous-modalités visuelles comprennent le mouvement des couleurs noir et blanc, la luminosité et l'obscurité, la localisation, etc. Les sous-modalités auditives comprennent le volume, le tempo, la hauteur et la fréquence, etc. Les modalités kinesthésiques comprennent la température, la pression, la texture, l'humidité, la douleur et le plaisir.

Les sous-modalités suivent le principe d'un changement de comportement instantané et approprié, ainsi que la manière adéquate de guider l'utilisation. Le principe est d'atteindre le résultat, l'acquisition sensorielle, la flexibilité du comportement et des actions. L'obtention d'un résultat représente ce que l'on veut choisir. Ces sous-modalités aident à tirer la conclusion que l'auditeur souhaite. Souvent, en classe, les enseignants et les élèves ne sont pas conscients de prendre la bonne décision. La PNL aide à prendre l'initiative d'agir. La PNL se concentre sur la réflexion, l'observation et le résultat pendant l'écoute. Les techniques de la PNL comprennent une partie linguistique et comportementale qui est très efficace pour changer les croyances et le comportement d'une autre personne.

1.2.1. Techniques de programmation neurolinguistique

L'enseignant utilise différents médias pour créer une atmosphère propice et améliorer l'apprentissage par le biais de différentes activités. Ces activités améliorent le niveau de confiance de l'apprenant et son attention. Elles impliquent également l'acte de parole. Ces activités se concentrent sur le développement des compétences et la modification du comportement, ce qui a un effet positif et crée un lien fort entre les élèves et les étudiants, entre les élèves et les enseignants. La relation positive développe un environnement d'apprentissage positif. La PNL aide l'enseignant à rendre l'enseignement et l'apprentissage efficaces grâce à différentes techniques telles que l'ancrage, le recadrage, le modelage et le rapport.

1. Rapport

Le rapport signifie la formation et le maintien de relations respectueuses, et s'applique aussi bien aux relations avec soi-même qu'aux relations avec les autres. Le rapport affecte notre capacité à être à notre optimum. Le rapport est un sens qui fonctionne lorsque deux personnes sont en combinaison de son ou d'accord, l'un d'eux peut prendre la tête de quelque chose. Lorsque le rapport est établi, l'attitude et le ton de la voix de l'orateur et de l'auditeur sont synchronisés.

Le rapport comprend l'utilisation des sens pour le développement des personnes pour l'interaction avec les autres. L'interaction permet à chacun de se sentir à l'aise et est importante pour la communication. Il est efficace lorsque des personnes partageant les mêmes idées interagissent entre elles. En classe, la communication entre l'élève et l'enseignant est axée sur le rapport pour obtenir des informations sur l'activité, ce qui renforce le processus de communication et le travail de groupe.

2. Ancrage

L'ancrage est un processus qui inclut le geste, le toucher ou le son de la personne. Il comprend la motivation et le maintien d'une attitude positive pour l'apprentissage. L'ancrage implique l'imagination positive du travail mental ou physique qui se concentre sur les gestes, les expressions et les mouvements du corps pour rappeler le même état. Dans cette stratégie, le son représente ou sélectionne l'état pour sa fantaisie. L'enseignant utilise également cette stratégie en classe dans différentes positions pour choisir les actions, les instructions pour les sujets d'enseignement.

3. Modélisation

La modélisation consiste soit à agir en tant que modèle comportemental pour les autres, comme lors d'une démonstration, soit à rendre explicites les séquences de pensées ou de comportements qui permettent à quelqu'un d'accomplir une compétence ou une tâche. Cette activité fonctionne comme un miroir pour faire et exécuter correctement la tâche. Elle se concentre sur la formation de l'élève lorsque celui-ci essaie d'adopter ou de découvrir une nouvelle compétence. L'apprenant adopte une nouvelle compétence au moment de la révision et pendant la préparation de l'examen avec des exemples.

4. Recadrage

Le recadrage est un processus qui permet de développer des modes de pensée créatifs. Grâce au recadrage, l'apprenant peut se discipliner pour voir les choses dans un contexte différent. Il est utilisé pour différencier le comportement de la situation problématique avec une intuition positive pour l'exécution du comportement. De nouvelles options d'exécution du comportement sont maintenues par une intention positive, mais aucun résultat problématique n'est trouvé.

Ainsi, les subtilités de la PNL indiquent qu'elle peut être l'un des meilleurs traitements pour fournir l'opportunité de sensibiliser les acteurs de la classe à la communication acoustique pendant l'enseignement et l'apprentissage. Pendant la formation, elle peut augmenter la valeur des relations interpersonnelles. Cela permet non seulement d'améliorer la relation enseignant-apprenant, la représentation interne des élèves, les compétences, les croyances et le comportement, mais aussi de résoudre les problèmes de communication acoustique. Ainsi, cela permet non seulement d'apprendre, mais aussi d'explorer et d'améliorer la représentation interne de l'apprenant, ce qui conduit finalement à l'objectif souhaité d'une meilleure communication acoustique.

1.3.0 RAISON D'ÊTRE DE L'ÉTUDE

La capacité d'écoute et la capacité d'expression orale sont des compétences importantes en classe. L'écoute est une compétence réceptive qui permet d'écouter les expériences et les idées des autres. Il s'agit d'une compétence permettant de recevoir des informations acoustiques spécifiques. En outre, c'est également un moyen de traiter des indices vagues et peu clairs en ce qui concerne la perspective linguistique et la manière appropriée. Elle permet de minimiser la dégradation de la perception de la parole de chaque élève lorsqu'il interagit avec les signaux acoustiques en classe. Cela signifie que dans une salle de classe, l'écoute active est nécessaire, ce qui implique le mouvement des gestes, des expressions, des couleurs, des images et du langage corporel.

Tout comme la compétence productive, l'expression orale consiste à dire, raconter, parler ou faire des conférences. L'expression orale est l'une des compétences les plus rapides, les plus simples et les plus directes que l'on puisse apprendre. C'est une compétence qui permet d'établir un contact visuel entre l'auditeur et de se concentrer sur les idées de l'auditeur également. Elle crée un lien entre l'élève et l'enseignant. L'enseignant discute d'un seul point à la fois et évite tout sentiment d'hostilité. Il aide à garder le rythme pendant la présentation tout en respectant toutes les personnes. La présentation est synchronisée avec la voix, le ton et l'amplitude de l'apprenant. Même la hauteur de la voix de l'orateur ou son ton joue un rôle important dans le processus de communication. L'écoute active peut être difficile à maîtriser car elle demande plus de temps, de détermination et de patience.

Ces connaissances sensorielles représentent les connaissances sensorielles permettant de se souvenir correctement lorsque l'apprenant est proche ou éloigné des résultats. La flexibilité dans le comportement est un changement de comportement pour obtenir un résultat permanent par la variation du comportement. Ce changement de comportement doit être effectué par la connaissance de la PNL. La programmation neurolinguistique (PNL) est l'une de ces techniques dans le domaine de l'éducation. Elle est très importante car elle permet d'améliorer le comportement de l'enseignant et de l'apprenant et de les sensibiliser à une meilleure communication. De plus, elle peut être facilement appliquée dans une classe. Mais dans quelle mesure la PNL est une stratégie efficace pour développer la communication acoustique dans la profession d'enseignant doit être explorée.

De plus, il est dit que l'influence du genre se retrouve dans la communication, donc, si la flexibilité dans l'adresse de communication est le genre de l'enseignant, il faut le découvrir. La PNL étant plus centrée sur le langage, la discipline interagit-elle avec la PNL pour affecter l'acoustique ? Il faut étudier dans quelle mesure l'interaction de la PNL avec le rapport entre la source et le répondant affecte l'acoustique. Il faut également étudier l'inclinaison ou la motivation du professeur stagiaire pour savoir dans quelle mesure l'acoustique est affectée. Par conséquent, la contribution récente à la communication acoustique doit être identifiée par rapport à la Programmation Neuro Linguistique.

1.4.0 THÈME DE RECHERCHE
Le sujet de la recherche est encadré comme indiqué ci-dessous.

Efficacité de la programmation neurolinguistique sur la communication acoustique chez les enseignants stagiaires de Mathura, Uttar Pradesh.

1.5.0 OBJECTIFS
Les objectifs de cette étude sont les suivants.

1. Comparer les scores moyens ajustés de la communication post-acoustique du groupe PNL avec ceux du groupe méthode conventionnelle en considérant la communication pré-acoustique comme covariable.

2. Étudier l'effet du traitement, du sexe et de leur interaction sur la communication acoustique chez les enseignants en formation en considérant la communication pré-acoustique comme covariable.

3. Étudier l'effet du traitement, de la discipline et de leur interaction sur la communication acoustique chez les enseignants en formation en considérant la communication acoustique préalable comme covariable.

4. Étudier l'effet du traitement, de l'intelligence multiple et de leur interaction sur la communication acoustique chez les enseignants en formation en considérant la communication pré-acoustique comme covariable.

5. Étudier l'effet du traitement, de la motivation et de leur interaction sur la communication acoustique chez les enseignants en formation en considérant la communication pré-acoustique comme covariable.

6. Étudier l'effet du traitement, du rapport source-répondant et de leur interaction sur la communication acoustique chez les enseignants stagiaires en considérant la communication pré-acoustique comme covariable.

7. Comparer les scores moyens de la Réaction envers la PNL après la première phase du traitement et à la fin du traitement.

1.6.0 DÉFINITION OPÉRATIONNELLE

Les définitions opérationnelles des termes inclusifs sont les suivantes.

1. La programmation neurolinguistique

La programmation neurolinguistique (PNL) est l'expérience intérieure de l'individu (neuro), en référence à son langage (linguistique) à travers des modèles de comportement (programmation). Il s'agit d'une étude de l'expérience humaine axée sur l'esprit et le langage qui fonctionnent comme un miroir de l'être intérieur.

Dans cette étude, le traitement par programmation neurolinguistique fait référence au développement des compétences d'ancrage, de rapport, de modélisation et de recadrage chez les enseignants en formation pour le développement de l'acuité sensorielle et la flexibilité du comportement.

2. La communication acoustique

La communication acoustique est le processus de partage d'informations, de connaissances, d'idées, de pensées, de sentiments et de sensations par le biais du son.

La communication acoustique fait ici référence aux stagiaires qui décrivent les phénomènes impliquant le son d'un point de vue humain en termes d'écoute et de parole.

3. Discipline du sujet

La discipline fait référence au concept, à la théorie, à la méthode et aux disciples qui suivent un domaine d'étude. Ici, les disciplines artistiques et scientifiques sont considérées comme des disciplines.

4. Genre

Le genre est un terme utilisé pour différencier les hommes et les femmes sur la base de normes sociales et culturelles. Il s'oppose aux normes purement biologiques. Ces termes sont de plus en plus utilisés pour des raisons qui concernent surtout les garçons et les hommes, ainsi que pour des raisons qui concernent surtout les filles et les femmes.

Ici, le terme "genre" fait référence aux enseignants stagiaires masculins et féminins.

5. Intelligence multiple

L'intelligence est la capacité cognitive d'apprendre, de comprendre et de penser, axée sur la pensée abstraite. Elle comprend la capacité de l'apprenant à comprendre la logique, la conscience de soi et de la société, la capacité d'apprentissage, la connaissance des émotions, la capacité de raisonnement, le modèle de planification, la créativité pour les travaux, la capacité critique et de résolution des problèmes. Elle fait également référence à l'extraction d'informations et à l'utilisation de ces connaissances pour adapter le comportement à l'environnement.

Ici, l'intelligence multiple qui comprend l'élément verbal linguistique, logique mathématique, visuel, spatial, kinesthésique, musical, interpersonnel, intrapersonnel.

6. Motivation

La motivation est la ou les forces motrices responsables de l'initiation, de la persistance, de la direction et de la vigueur d'un comportement orienté vers un objectif.

La motivation fait ici référence à la motivation interne et externe des enseignants stagiaires.

7. Rapport source-répondant

Le rapport du répondant source est une relation entre deux personnes, qu'il s'agisse d'un étudiant et d'un enseignant, d'un étudiant et d'un média. C'est un processus social qui développe le rapport entre deux personnes.

Dans cette étude, le rapport source-répondant fait référence à la compatibilité entre le récepteur source, le contrôle partagé, la motivation du répondant et la compréhension du répondant entre l'humain et la machine.

1.7.0 HYPOTHÈSES

Les hypothèses de cette étude sont les suivantes.

1. Le score moyen ajusté de la communication acoustique du groupe PNL n'est pas significativement différent de celui du groupe de la méthode conventionnelle lorsque la communication pré-acoustique est prise comme covariable.

2. Le score moyen du traitement, du sexe et de leur interaction sur la communication acoustique n'est pas significativement différent lorsque la communication pré-acoustique est prise comme covariable.

3. Le score moyen du traitement, de la discipline et de leur interaction sur la communication acoustique n'est pas significativement différent lorsque la communication pré-acoustique est prise comme covariable.

4. Le score moyen du traitement, de l'intelligence multiple et de leur interaction sur la communication acoustique n'est pas significativement différent lorsque la communication pré-acoustique est prise comme covariable.

5. Le score moyen du traitement, de la motivation et de leur interaction sur la communication acoustique n'est pas significativement différent lorsque la communication pré-acoustique est prise comme covariable.

6. Le score moyen du traitement, du rapport source-répondant et de leur interaction sur la communication acoustique n'est pas significativement différent lorsque la communication pré-acoustique est prise comme covariable.

7. Le score moyen des réactions à la programmation neurolinguistique après la première phase du traitement n'est pas significativement différent de la phase finale du traitement.

1.8.0. LIMITATIONS

Les limites de l'étude sont les suivantes :

1. Les instituts de formation d'enseignants de Mathura, Uttar Pradesh, qui offrent un programme de formation d'enseignants diplômés, sont pris en compte.

2. Les participants à l'étude sont des enseignants en formation inscrits à un programme de deux ans de B.Ed.

3. Les exercices liés au programme PNL sont considérés comme un exercice par jour.

4. Outre le traitement, le sexe, la discipline, l'intelligence multiple, la motivation et le rapport avec le répondant sont les variables indépendantes.

CHAPITRE - II

EXAMEN DE LA LITTÉRATURE CONNEXE

2.0.0 INTRODUCTION

Le premier chapitre présente la raison d'être de l'étude avec son objectif, ses hypothèses et ses limites. Le présent chapitre est consacré à l'examen de la littérature connexe. Les études connexes par domaine sont présentées dans les rubriques suivantes.

1. Programmation Neuro Linguistique et Communication Acoustique
2. Le genre en matière de communication
3. Communication dans la discipline concernée
4. Intelligence multiple et communication
5. Motivation pour la communication
6. Rapport entre la source et le répondant dans la communication

2.1.0 PROGRAMMATION NEUROLINGUISTIQUE ET LA COMMUNICATION ACOUSTIQUE

Les études relatives à la programmation neurolinguistique et à la communication acoustique comprennent l'étude de **Riyadin, Slamet (2010)** intitulée "Improving Student Speaking Skill using Neuro Linguistic Technique", qui se concentre sur l'impact des techniques de programmation neurolinguistique sur les compétences orales. Il s'agissait d'une recherche-action dans laquelle 24 étudiants de la 10ème classe ont été pris en compte. Les données ont été collectées par le biais d'observations, d'entretiens, de documents et de tests oraux. Les résultats ont vérifié que la technique neurolinguistique est une technique importante pour l'expression orale. Dans les techniques de la PNL, le comportement des étudiants a joué un rôle actif et a montré un empressement intense, un plaisir, un intérêt et une approbation dans le processus d'enseignement et d'apprentissage. Cette technique a également influencé la capacité d'expression orale.

L'étude de **Bashir, Ahsan et Ghani, Mamuna** (2012) était intitulée "Communication efficace et programmation neurolinguistique". L'objectif de l'étude était de trouver la relation entre la communication et la programmation neurolinguistique. La programmation neurolinguistique a été utilisée dans différents domaines d'apprentissage et d'éducation tels que le marketing, la psychologie, le droit et d'autres domaines différents. Les résultats ont révélé que la communication a une relation positive avec la programmation neurolinguistique parce que la PNL est utilisée dans divers cours professionnels tels que le commerce, le droit, etc. pour développer le professionnalisme et le potentiel des étudiants. La PNL aide à atteindre une croyance positive envers soi et les autres et développe également les compétences des apprenants. Elle se concentre sur l'acquisition de connaissances à l'aide de la communication. Elle aide les enseignants à faire un travail professionnel et ingénieux.

L'étude de **Brno (2012)** intitulée " La mise en œuvre de la programmation neuro-linguistique dans l'enseignement de l'anglais " était de nature expérimentale. L'objectif de l'étude était de connaître l'efficacité des techniques de la PNL pour les expériences d'apprentissage. L'échantillon de l'étude était de 55 étudiants. L'outil utilisé pour la collecte des données était un questionnaire. Les résultats ont révélé que la PNL est la meilleure technique pour l'expérience d'apprentissage en classe d'anglais. Le recadrage a été utilisé pour toute la classe, ce qui a eu un effet positif sur l'enseignement en ce qui concerne la formation de l'apprenant et la demande de l'apprenant.

Netten, Joan et Germain, Claude (2012) étude sur " Un nouveau paradigme pour l'apprentissage d'une langue seconde ou étrangère : l'approche neurolinguistique " comprenait un échantillon d'élèves de troisième année de maternelle dont l'âge était compris entre 10 et 11 ans. L'objectif de l'étude était de connaître la compréhension de la nature complexe de l'apprentissage et de développer des pratiques pédagogiques hautement efficaces. Pour connaître l'efficacité de l'enseignement, le chercheur a développé l'approche neurolinguistique pour fournir la base des neurosciences cognitives et la base du principe obtenu. Les résultats ont montré que la PNL est une application importante pour la recherche en neurosciences cognitives pour améliorer la situation d'apprentissage en classe. Elle fournit des compétences de communication efficaces et aide à la communication dans la situation scolaire.

Binulal, K.R (2013) s'est concentré sur "la programmation neuro-linguistique sur le développement de la compréhension de la lecture chez les étudiants du secondaire supérieur". L'objectif de l'étude était de trouver l'efficacité de la PNL sur la compétence de lecture parmi les élèves du secondaire et la relation entre le sexe et le moyen d'enseignement des élèves du secondaire. La recherche était de nature expérimentale. L'échantillon était composé de 92 élèves du secondaire, répartis de manière égale entre le groupe expérimental et le groupe témoin. Les données ont été collectées par le biais de tests. Les résultats révèlent que la programmation neurolinguistique est efficace pour les compétences en lecture mais que la relation entre le sexe et les compétences en lecture est insignifiante. La PNL améliore la capacité de lecture et gère mieux le niveau de pensée, les émotions, la langue et le comportement.

Bruner, Lios M. (2013) étude intitulée "Une étude exploratoire de la programmation neuro linguistique et de l'anxiété de communication" comprenait l'objectif de connaître l'effet de la programmation neuro linguistique sur l'anxiété de communication. Elle s'est également concentrée sur les techniques qui réduisent l'anxiété de l'apprenant. L'échantillon de l'étude a été constitué de 17 étudiants volontaires. Les données ont été recueillies par le biais d'un entretien et d'un questionnaire. Les résultats ont montré que la communication interpersonnelle améliore la présentation. L'ancrage s'est avéré être l'une des meilleures techniques pour réduire l'anxiété liée à la communication. Il a contribué à l'acquisition de connaissances et à la maîtrise de la communication. L'ancrage a aidé à créer une ancre positive pour renforcer le sentiment.

Cristina Rocha Vieira, Maria Filomena Gaspar (2013) étude intitulée "Plenattitude : Formation des enseignants pour l'efficacité et le bien-être avec la programmation neuro-linguistique". L'objectif de l'étude était de découvrir les facteurs qui ont affecté l'efficacité scolaire des enseignants et des formateurs d'enseignants. Les données ont été recueillies par le biais d'un questionnaire. La recherche était de nature méta-analytique. 12 écoles ont été sélectionnées comme échantillon, dans lesquelles les compétences professionnelles et le niveau de motivation des enseignants ont été examinés. Les résultats ont révélé que la quantité de feedback donné et reçu, les valeurs et le niveau d'attente, la capacité à montrer le niveau désiré pour soi, les objectifs atteints, la communication entre deux personnes et l'environnement de la classe ont un effet significatif sur l'efficacité des enseignants. Ces facteurs ont été pris en compte dans la formation PNL.

Oberholzer,Charl (2013) étude intitulée " Le rôle de la programmation neuro-linguistique dans l'amélioration du leadership organisationnel par le développement de la communication intrapersonnelle ", comprenait des objectifs pour connaître l'importance de la mise en œuvre de la PNL dans l'organisation. L'échantillonnage de convenance était la technique d'échantillonnage. Les données ont été collectées par le biais d'un questionnaire et d'un entretien semi structuré. Les résultats ont révélé que la PNL était importante pour communiquer avec les autres et créer le leadership chez le répondant. De plus, la PNL a une forte corrélation avec le succès. L'utilisation de la PNL a créé un lien avec l'intelligence émotionnelle et a aidé à la communication.

Koleva, Daniela ilieva, Vazov, Radostin (2014) étude intitulée "Techniques de programmation neuro linguistique pour le perfectionnement des compétences de présentation", comprenait l'objectif de trouver la différence entre les techniques PNL pour le perfectionnement des compétences de présentation. Les techniques PNL ont été utilisées dans différents contextes problématiques. Les différentes techniques PNL ont été utilisées dans différents domaines académiques parce qu'elles donnent une solution raisonnable à différents problèmes de communication. Ainsi, elles fournissent des options pour s'améliorer et des domaines de recherche. Les résultats ont montré que la PNL a développé les compétences de présentation de l'individu et l'a aidé à se développer grâce à ses techniques. La modélisation se concentre sur la motivation et l'observation. Elle nécessite une méthode systématique pour l'implication de la théorie. L'individu a besoin de motivation pour avoir de bonnes compétences de présentation.

Paul, Tosey (2014) étude sur "la programmation neuro-linguistique comme une innovation dans l'éducation et l'enseignement", était une méta-analyse dans la nature. L'objectif de l'étude était d'évaluer la PNL pour l'éducation et l'enseignement. Le résultat a révélé que la PNL avait un effet significatif sur l'enseignement. Les techniques PNL se sont concentrées sur la communication en classe et le développement de la personnalité de l'apprenant. Il a été constaté que le " modelage " était la meilleure technique pour l'apprenant pour la communication en classe.

Yameen, Ayesha et Iftikhar, Lubna (2014) se sont concentrés sur " la programmation neuro-linguistique comme stratégie pédagogique pour améliorer la compétence communicative des enseignants de langues ". L'échantillon de l'étude était composé de 20 enseignants de FLE. Les techniques d'échantillonnage étaient l'échantillonnage raisonné. Les données ont été recueillies par le biais d'une échelle. L'objectif de l'étude était de connaître l'efficacité des techniques de la PNL sur la compétence communicative et son influence sur la compétence dans le contexte de l'enseignement / apprentissage. Les résultats ont révélé que la PNL et la compétence de communication ont une corrélation positive parmi les étudiants. Les techniques PNL ont créé un apprentissage plus orienté vers les objectifs et centré sur l'apprenant. Les techniques de la PNL se sont avérées significatives sur la compétence communicative.

Lashkarian, Anita et Sayadian, Sima (2015) se sont concentrés sur " L'effet des techniques de programmation neurolinguistique (PNL) sur la motivation des jeunes apprenants iraniens de l'EFL, l'amélioration de l'apprentissage, et sur le succès de l'enseignant ". L'étude comprenait un échantillon de 60 étudiants qui a catégorisé 30 comme dans le groupe d'expérience et 30 comme groupe de contrôle. La recherche était de nature expérimentale. Les données ont été recueillies par le biais d'un questionnaire et d'un entretien. Les résultats ont montré que les techniques PNL ont un effet significatif sur la réussite des enseignants. La raison en est que le cadre de l'enseignant se concentre également sur la communication de l'étudiant avec l'enseignant, ce qui renforce l'environnement d'apprentissage et développe une relation positive entre les étudiants et l'enseignant pour communiquer de manière appropriée.

L'étude de **Ningsih, Merliani et Riyadi, Slamet** (2015) portait sur " l'amélioration de la compétence d'expression orale des étudiants en utilisant la technique de programmation neurolinguistique ". L'objectif était de connaître l'effet de la PNL sur les compétences d'expression orale des étudiants. La recherche était une recherche-action par nature et a été échantillonnée sur 24 étudiants. Les résultats ont montré que les techniques de PNL améliorent la capacité d'expression orale des apprenants. La technique PNL a augmenté la participation de l'apprenant dans le processus d'enseignement et d'apprentissage et les étudiants sont devenus plus enthousiastes pour participer. Chaque apprenant de la classe était actif pendant la mise en œuvre des techniques PNL dans la classe.

N.Amin, Jayendrakumar et Patel, Jagruti (2015) étude intitulée "Utilisation de la programmation neuro-linguistique pour l'amélioration des compétences de communication" était une étude de cas. Les objectifs de l'étude étaient de réaliser et d'évaluer la PNL pour les stagiaires afin d'améliorer les compétences de communication et également de prendre l'opinion des stagiaires sur la PNL pour mesurer la modification du comportement et également pour mesurer les changements chez l'enseignant stagiaire. L'échantillon était composé de trois collèges de formation des enseignants. Des techniques d'échantillonnage raisonné ont été utilisées. Les données ont été recueillies à l'aide d'une liste de contrôle et d'un questionnaire. Les résultats ont révélé que la PNL améliore efficacement les compétences de communication et aide à créer la maîtrise du contact visuel avec les élèves, ainsi qu'à développer l'attitude, la confiance en soi, le modèle de pensée et aide également à faire du travail de groupe.

Rogoxinska, Ewa (2015) étude, "Programmation neurolinguistique pour l'enseignement et l'apprentissage" s'est concentré pour connaître le rôle de la programmation neurolinguistique dans le processus d'enseignement et d'apprentissage. La recherche était une analyse de contenu par nature. Les résultats ont montré le rôle significatif de la programmation neurolinguistique dans le processus d'enseignement et d'apprentissage. La PNL est appropriée pour poser des questions en classe, créer une relation entre les étudiants et l'enseignant et améliorer le niveau de communication en classe. Elle fonctionne comme une aide pour créer une situation favorable à l'apprenant pour la communication en classe.

L'étude de **Claudius, Francis** (2016) était intitulée " Communication efficace grâce aux techniques de programmation neurolinguistique (PNL) ". L'objectif de l'étude était de connaître l'effet de la PNL sur la communication. L'échantillon de l'étude était de 45 étudiants de niveau junior. Les données ont été collectées par le biais d'une échelle d'évaluation. Les résultats ont révélé que la PNL s'est avérée efficace pour la communication. Elle crée un environnement propice à la conscience de soi et aide les étudiants à communiquer avec les autres. La PNL s'est concentrée sur la communication en utilisant la suppression, la distorsion et la généralisation des pensées de l'apprenant.

Farah, Jacoub al et Bawalsah, Joseph et Khateeb, Bassam Al (2016) ont enquêté sur " L'efficacité d'un programme basé sur la PNL dans le développement de la communication ou les élèves doués de sixième année à Amman ". L'objectif de l'étude était de former les étudiants sur la base de sessions de formation conçues par la PNL. L'étude était de nature expérimentale. L'échantillon était composé de 60 élèves doués, dont 30 appartenaient au groupe expérimental et 30 au groupe de contrôle. La PNL a été utilisée dans différents domaines de la vie. Le résultat a été que le groupe expérimental avait de meilleures compétences en communication que le groupe de contrôle. Les étudiants du groupe expérimental ont acquis la maîtrise d'un niveau plus élevé de compétences en communication en classe.

Pandey, Pramod et kornana, Aruna (2016) étude sur "Sémantique générale, programmation neurolinguistique et langage dans la salle de classe" a été faite sur 55 enseignants stagiaires par la méthode expérimentale. L'étude a révélé que la PNL a eu un effet sur l'attitude et la préférence de raisonnement de l'apprenant, ce qui a aidé à améliorer la réussite des étudiants parce que les gens ont répondu par leurs cartes et ont communiqué. Les enseignants ont appris à comprendre les cartes pour eux-mêmes et à s'alléger pour un apprentissage et une communication holistiques en classe.

Seitova, Sabyrkul , Kozhasheva, Gulnar O. et Ryskul, Gavrilova (2016) s'est concentré sur les "particularités de l'utilisation des techniques de programmation neuro-linguistique dans l'enseignement". L'objectif de l'étude était d'évaluer l'utilisation de la PNL dans l'enseignement des mathématiques en classe. La recherche était une analyse de contenu par nature. Les résultats montrent que la PNL a un effet significatif sur l'enseignement des mathématiques en classe. Elle ne se concentre pas seulement sur les préférences sensorielles mais aussi sur la manière auditive et kinesthésique de l'apprenant, ce qui crée une compréhension entre l'apprenant et l'enseignant. La compréhension entre eux améliore la communication en classe dans le processus d'enseignement.

Khalandi, Chnour et Zoghi, Rashideh (2017) se sont intéressés à " l'effet de la PNL sur la compréhension orale des apprenants iraniens de l'EFL ". L'objectif de l'étude était de connaître l'efficacité de la PNL sur l'écoute des apprenants. L'étude a inclus un échantillon de 30 apprenants iraniens qui ont été catégorisés en groupe expérimental et groupe de contrôle. Le groupe expérimental comprenait 20 apprenants et le groupe de contrôle 10 apprenants. L'échantillonnage stratifié a été utilisé comme technique d'échantillonnage. Les données ont été recueillies par le biais d'un questionnaire. Les résultats montrent que la PNL est un moyen efficace de développer la capacité d'écoute des apprenants. La PNL a créé un environnement d'apprentissage pour l'apprenant et l'enseignant en fonction de leurs besoins et de leurs préférences. La PNL se concentre sur les tâches d'apprentissage et d'enseignement pour une communication et un processus d'apprentissage efficaces en fonction des différents groupes d'âge et des différents intérêts des apprenants présents dans la classe. Les compétences développées se concentrent sur la compétence et maintiennent le lien entre la personnalité et les préférences visuelles, audio et kinesthésiques.

Fidinilah, Mildan Arsdan (2017) étude intitulée, "Les effets des méthodes de programmation neurolinguistique vers la compétence d'expression orale des étudiants", était une enquête. L'objectif de l'étude était de connaître l'efficacité de la méthode PNL vers la compétence d'expression orale des étudiants. La technique d'échantillonnage utilisée était l'échantillonnage raisonné. L'échantillon de l'étude était de 300 étudiants appartenant à la classe primaire. Les résultats ont révélé que la méthode PNL a une relation significative avec l'espace d'apprentissage en ce qui concerne la capacité à parler. La PNL est utile pour l'apprentissage des élèves et les résultats de l'apprentissage. La PNL renforce la motivation, la capacité d'expression orale et augmente le niveau de réussite de l'étudiant par elle-même ou par un autre facteur externe.

Aroudhan, Hayat Eid (2018) recherche sur "L'effet du coaching de programmation neuro-linguistique sur l'apprentissage de l'anglais " a porté sur l'évaluation de l'efficacité de l'apprentissage de la langue et le rôle du potentiel dans l'apprentissage de l'anglais. L'étude était de nature expérimentale. Un échantillon de 85 étudiants a été catégorisé en groupe expérimental et groupe de contrôle et le groupe expérimental a été traité avec des sessions de traitement PNL. Les données ont été collectées à partir de sources primaires et secondaires par le biais de tests. Les résultats ont révélé que la PNL ne fournit pas seulement une solution au problème de manière flexible, mais qu'elle développe également les compétences orales des étudiants. Cette aptitude à parler aide les étudiants à communiquer avec les autres et aide également à résoudre les problèmes.

Pour résumer les 22 études relatives à la **Programmation Neuro Linguistique et à la Communication Acoustique, il** a été constaté que le domaine de recherche concernait la psychologie, le marketing, le droit. L'échantillon comprenait des étudiants de collège, des étudiants de premier cycle, des élèves de l'enseignement primaire et secondaire. Il en ressort que la Programmation Neuro Linguistique a permis d'intensifier la communication (Khalandi & Zoghi 2017, Fidinilah 2017, Claudius 2016, N.amin 2015, Yameen 2014, Bashir 2012). développement interpersonnel, l'efficacité, le développement des compétences d'écoute, le développement des compétences d'expression orale et le développement interpersonnel. Deux études (Bruner 2013, Brno 2012, Tosey 2014) trouvées en ce qui concerne la programmation neurolinguistique et la communication ont révélé que l'ancrage, le recadrage, le modelage sont des techniques efficaces pour l'anxiété de communication et l'expérience d'apprentissage. L'étude a également révélé que le groupe expérimental, lorsqu'il est formé à la PNL, a de meilleures compétences en communication par rapport au groupe de contrôle (Frah& Bawalshah& Baasan 2016).

D'autres études ont montré l'effet de la PNL sur l'intérêt (Khalandi et Zoghi 2017, Riyading 2010), la capacité à parler (Fidinilah 2017, Riyadin 2010 et Ningsin 2015), l'attitude et le raisonnement (Pandey, Kornana 2016), le mode de pensée (N. Amin et Patel 2015, Binnulal 2018, Lakshkarian 2015). Amin et Patel 2015, Binnulal 2018, Lakshkarian 2015), Motivation et observation(Kolena et Vazon 2014), Capacité de lecture et capacité linguistique (Binnulal 2013, Oberholzer 2013), Leadership et confiance en soi(Oberholzer 2013, Bashir et Ghai 2012, Claudis 2016), Développement de la personnalité (Paul 2014), Enseignement et capacité à poser des questions (Seitova2016, Rogoxinsko 2015) et Conscience de soi (Claudius 2016).

Mais l'association de la programmation neurolinguistique avec la capacité de lecture et le sexe s'est avérée non significative (Binulal 2013.).

2.2.0 COMMUNICATION EN MATIÈRE DE GENRE

Les recherches antérieures menées sur la communication en fonction du sexe, y compris l'étude de **Hughey, Jim D.** (2010) recherche sur "Interpersonal Sensitivity, Communication encounters, Communicative responsiveness and Gender", y compris l'objectif de connaître le rôle du sexe pour la communication en classe. L'échantillon de l'étude était de 118 étudiants de collège. Les données ont été collectées par le biais d'un inventaire. Les résultats ont révélé que le genre n'avait pas de rôle direct dans la communication. Les hommes essaient de communiquer avec les hommes et les femmes essaient de communiquer uniquement avec les femmes. Cela a montré que la communication interpersonnelle était présente chez les étudiants mais qu'ils suivaient les sexyads.

L'étude de **Ueno, Junko** (2010) était intitulée "Différence de genre dans la conversation japonaise". L'objectif de l'étude était d'évaluer la différence entre l'interaction des hommes et des femmes japonais. Elle s'est concentrée sur l'interaction de la langue japonaise dans différents spectacles et sur les réactions du locuteur sans interruption. Les données ont été collectées par le biais d'entretiens et d'observations. L'échantillon de l'étude était composé de 42 étudiants. Les résultats montrent que le sexe joue un rôle important dans la conversation japonaise pendant la discussion. Les étudiantes interrompent plus souvent que les étudiants pendant la discussion. Les femmes ont une nature de soutien pendant la communication et elles sont plus corporatives.

Perry, Theodore L. Ohde, Ralph N. et Ashmead, Daniel H. (2011) étude "The Acoustic Bases for Gender Identification from Children's Voices", s'est attachée à connaître la relation de la représentation perceptive de la voix en fonction du groupe d'âge. L'échantillon de l'étude était composé d'élèves de 4, 8, 12, 16, 20 ans dans lequel 20 garçons et 20 filles étaient présents. Les données ont été collectées à l'aide d'une échelle d'évaluation du genre en six points. L'étude était de nature expérimentale. Les résultats ont révélé que l'identité de genre avait une relation avec la représentation perceptive de la voix. Le mode de perception auditive a aidé à l'identification du genre. Les différents groupes d'âge avaient des fréquences différentes et cela se différenciait après l'âge de 12 ans. Les garçons et les filles avaient une perception différente selon le groupe d'âge, les groupes de 4 à 12 ans et de 16 ans jouant un rôle important.

Davis, Tami Mullens (2012) étude intitulée "Une analyse de l'anxiété de communication et la compréhension de la lecture en sixième, septième et huitième année", comprenait objectif de mesurer la relation entre la conscience de la communication et le sexe. L'échantillon de l'étude était des étudiants de classe six, sept, huit dont le nombre était 467. Les données ont été collectées par le biais de tests. Les résultats ont révélé que les femmes ont une conscience élevée de la communication par rapport aux hommes. L'anxiété des hommes affecte directement la performance de la lecture et du traitement de la compréhension.

La recherche de **Youseef, Moustafa et George, Marian** (2012) sur " l'évaluation de la qualité acoustique de l'environnement de la salle de classe " était de nature expérimentale. L'objectif de l'étude était de trouver l'effet du sexe sur la qualité acoustique dans la salle de classe. Les données ont été collectées sur dix salles de classe de différentes dimensions sur différents étages de bâtiments. Les résultats ont révélé que les orateurs masculins ont une qualité acoustique élevée par rapport aux femmes. Il a également été constaté que le niveau de bruit en cours n'est pas lié de manière significative au sexe, il s'agit parfois des étudiants et parfois du professeur. Cette recherche a fourni un retour d'information aux salles de classe et aux systèmes éducatifs pour atteindre le processus d'apprentissage. Les étudiants apprennent mieux grâce à une bonne qualité de cours incluant différentes stratégies d'enseignement.

Amruthraj R.M (2013) a fait une recherche sur "les questions de genre dans l'école et la pratique de la salle de classe". L'objectif de l'étude était de connaître le rôle du genre dans la pratique en classe. L'échantillon de l'étude était de 623 étudiants de collège. Les résultats ont révélé que la question du genre était le principal problème dans la pratique de la classe. Les filles font preuve de discrimination lorsqu'elles interagissent avec les garçons en classe, mais se sentent à l'aise avec les filles. Cela a affecté la pratique de la classe des filles. Les pratiques de classe se sont concentrées sur l'attitude de l'enseignant, la structure de la classe et la communication filles/garçons.

Dahbi, Manar (2013) a étudié " les interactions entre l'enseignant et les étudiants en classe : l'influence du sexe, de la dominance académique et du style de communication de l'enseignant ". L'échantillon de l'étude était composé de 5 enseignants et 62 étudiants. L'objectif de l'étude était d'évaluer le rôle du genre pour la communication de l'enseignant. L'étude a suivi une méthode expérimentale dans laquelle un groupe avait une dominance féminine et l'autre un équilibre entre les sexes. Les résultats ont montré que le sexe joue un rôle significatif dans le style de communication des enseignants. L'enseignant masculin qui enseignait dans une classe à prédominance féminine avait une communication contrôlée pour les enseignants masculins, tandis que les enseignantes communiquaient mieux dans une classe à prédominance féminine. D'un autre côté, la classe équilibrée entre les sexes n'avait pas de biais de genre pour les enseignants masculins et féminins et ils communiquaient librement.

Charlton, Benjamin D., Taylor, Anna M et Reby, David (2013) étude intitulée "Are Men better than Women at Acoustic Size judgements ?", comprenait l'objectif d'évaluer les stimuli vocaux des hommes et des femmes. L'échantillon de l'étude était composé de 55 étudiants de premier cycle universitaire dont 18 étaient des hommes et 37 des femmes. La tranche d'âge des étudiants était de 17 à 20 ans. Les résultats ont révélé que les hommes avaient une valeur de stimuli vocaux significativement plus élevée que les femmes. Les femmes avaient une taille de stimuli plus petite, une hauteur de son plus faible et une taille acoustique plus petite. La raison de la valeur élevée des hommes est que les hommes ont une hauteur de voix élevée, des sons de la parole et des contrastes dans la parole. Les contrastes dans la parole signifient un changement dans la vitesse de la vitesse lorsqu'ils sont comparés.

Hassaskhah, Jaleh et Zamir, Sara Roshan (2013) ont fait des recherches sur "Gendered Teacher - Student Interactions in English Language Classroom : a case of Iranian College Context". L'objectif de l'étude était d'analyser les préjugés sexistes et la conscience du genre dans l'interaction élève-enseignant. Les données de l'étude ont été obtenues à partir d'observations. La technique d'échantillonnage utilisée dans la recherche était non aléatoire et intentionnelle. L'échantillon de l'étude était composé de 20 enseignants et de 500 étudiants. Parmi les 20 enseignants, 10 étaient des hommes et les 10 autres des femmes. La tranche d'âge des élèves variait de 19 à 25 ans. Les résultats ont révélé que les étudiants et les enseignants masculins étaient plus attentifs et répondaient plus fréquemment, tandis que les étudiantes et les enseignantes étaient moins attentives et voulaient moins parler.

Arif, Ernita (2014) intitulé "Gender responsive in Class : Study of Communication Behavior Teacher in Elementary School " comprenait l'objectif d'analyser la différence présente dans les villes et les villages les enseignants responsables du genre en classe. La méthode utilisée dans la recherche était la méthode d'enquête. L'échantillon de l'étude était de 200 personnes, dont 100 étaient des enseignants et le reste des citadins, les hommes et les femmes étant également répartis. Les deux types de données, primaire et secondaire, ont été utilisés pour la recherche. Les résultats ont révélé que les enseignants ruraux et urbains avaient des comportements de communication verbale différents en ce qui concerne les mots utilisés en classe, parfois positifs et parfois négatifs. En milieu rural, les hommes communiquent mieux que les femmes, tandis qu'en milieu urbain, les femmes communiquent aussi efficacement que les hommes. La raison principale de cette communication était de fournir de meilleures opportunités de partager les idées, les points de vue qui étaient fournis par les enseignants en zone urbaine.

L'étude d'**Erwan Pépiot** (2014) était intitulée " Male and Female Speech : a study of mean f0, f0 range, phonation type and Speech rate in Parisian French and American English speakers ". L'objectif de l'étude était de comparer le taux de parole de la personne masculine et féminine vers l'anglais parisien, français et américain. L'échantillon de l'étude était composé de 10 locuteurs de langue nord-est et de 10 locuteurs de langue française dans lesquels 5 hommes et 5 femmes étaient présents dans chaque langue. Le résultat a révélé que le parisien et l'anglais américain des femmes avaient plus de mots dissyllabes par rapport aux hommes. Les hommes avaient un débit vocal plus faible alors que les femmes avaient un débit vocal plus élevé dans une tâche de lecture. Le changement de la vitesse d'élocution comprend des facteurs anatomiques et physiologiques. La différence acoustique dépend de la langue et le facteur langue est construit selon l'aspect social.

L'étude de **Dammak, Mouna Kchaarem, Azaiezi, Fairouz et Bahloul, Mourad** (2015) était intitulée, " Étude quantitative de la communication verbale de l'enseignant envers les filles et les garçons ". L'objectif de l'étude était d'évaluer l'activité donnée aux garçons et aux filles pendant l'enseignement. La recherche a suivi la méthode de l'enquête. L'échantillon de l'étude était composé de 8 enseignants dont 4 hommes et 4 femmes. 176 étudiants faisaient également partie de l'échantillon. Les résultats ont révélé que le sexe joue un rôle important dans l'enseignement. Les professeurs masculins communiquaient avec les étudiants masculins tandis que les professeurs féminins communiquaient mieux avec les étudiantes. Pendant les activités, les femmes communiquaient et étaient moins performantes que les hommes. En ce qui concerne les élèves, les garçons communiquaient mieux avec les enseignants et les enseignantes, tandis que les filles essayaient de communiquer uniquement avec les enseignantes.

Nadafian, Mahboobe et Mehrdad, Ali Gholami (2015) étude, "La relation entre les étudiants EFL - Sexe et leur volonté de communiquer dans les classes de même sexe", inclus objectif de trouver la relation entre les étudiants et les enseignants pour la communication. Les données de l'étude étaient de 67 étudiants dans lesquels 33 étaient des hommes et le reste étaient des femmes. L'âge des étudiants était de 13 à 30 ans. Les données ont été collectées à l'aide d'un questionnaire. Les données ont révélé que les étudiantes communiquent avec leur groupe de pairs et leurs professeurs s'ils sont du même sexe. Les femmes peuvent communiquer librement car elles sont plus à l'aise pour participer à la classe.

Persson Waye K, Magnusson L, Fredriksson S, Croy I (2015) étude intitulée "A Screening Approach for Classroom Acoustics Using Web-Based Listening Tests and Subjective Ratings", s'est attachée à évaluer l'effet du sexe sur la qualité acoustique de la salle de classe en utilisant des tests d'écoute. L'échantillon de l'étude était composé de 1106 étudiants de 13 à 19 ans. Ces élèves appartenaient à 38 écoles et 59 classes. Les données ont été recueillies par le biais d'un questionnaire. Le résultat a révélé que le sexe n'avait pas d'effet significatif sur la qualité acoustique de la salle de classe. La qualité acoustique de la classe dépendait de la distance entre l'élève et l'enseignant et du bruit de fond présent dans la classe. Elle dépend également de la concentration de l'apprenant. La concentration de l'apprenant est directement liée à la capacité d'écoute. On a constaté que la capacité d'écoute et le niveau de concentration des filles étaient plus élevés que ceux des garçons.

Abosede, Subuola Catherine (2017) la recherche était intitulée "Différence de genre dans la communication ; implications pour l'enseignement en classe dans les écoles nigérianes". L'objectif de l'étude était d'évaluer le style de communication transmettant la différence de genre dans l'enseignement en classe. Les enseignants masculins et féminins ont un style de communication différent qui favorise l'efficacité de la communication dans l'enseignement. Les résultats ont révélé que les femmes étaient de nature polie alors que les hommes étaient de nature directe. La communication comprend la lecture, l'écriture, la parole et l'écoute. Les enseignants masculins sont souvent moins attentifs que les enseignantes.

Pour résumer 16 études de 2010 à 2017, qui étaient liées au genre et à la communication en ce qui concerne le genre comprenait les attributs de l'écoute basée sur le Web, le comportement de communication, la langue, la pratique de la classe, le jugement de la taille acoustique, l'interaction de l'enseignant, la sensibilisation au genre, la sensibilisation à la communication, la compréhension de la lecture, la communication verbale, le style de communication et la représentation perceptive. L'échantillon inclus dans les recherches précédentes était composé d'étudiants de premier et de deuxième cycle, d'élèves du secondaire et du primaire et d'enseignants ; dans toutes les études ci-dessus, 4 études étaient indiennes.

Les résultats cumulés de ces recherches indiquent que le genre joue un rôle important dans la communication (Nadafian & Mehrdad 2015, Arif 2014, Amruthraj 2013& Hassaskhah 2013) mais deux études ont trouvé que le genre n'a pas de rôle direct dans la communication (Hughey 2010, Persson & Magnusson et fredriksson 2015). Il est intéressant d'observer que dans les classes inférieures, les femmes ont une affinité avec la communication qui change avec l'âge (Perry, Ohde et Ashmead 2011). Dans l'enseignement supérieur, l'attitude des étudiants envers la communication était meilleure chez les hommes que chez les femmes.

2.3.0 COMMUNICATION DANS LA DISCIPLINE CONCERNÉE
Les recherches antérieures menées sur la communication dans le cadre de la discipline comprennent l'étude de **Dzung, Phuong** (2008) intitulée "Research article abstract in applied linguistic and educational technology : a study of linguistic realization of theoretical structure and authorial stance". L'objectif de l'étude était d'évaluer la structure théorique linguistique. L'échantillon de l'étude était de 30 articles. La méthode utilisée dans l'étude était la méta-analyse. Le

résultat a révélé que la discipline travaillée était principalement liée aux caractéristiques linguistiques telles que les sujets grammaticaux, le temps du verbe et le temps utilisé dans l'implication pédagogique. Ces différentes formes d'aspect grammatical ont augmenté l'aspect linguistique de l'apprenant et l'information a amélioré la communication en classe.

Hirschfeld-Cotton, Kimberly (2008) étude intitulée. "Mathematical Communication, Conceptual Understanding, and Students' Attitudes towards Mathematics", comprenait l'objectif d'étudier l'écriture et la présentation par l'utilisation de la communication mathématique et se concentrait également sur son impact sur la compréhension des concepts mathématiques. L'étude était une recherche-action par nature. Les étudiants ont communiqué en expression verbale et écrite. Cela a aidé à la compréhension des étudiants en mathématiques. L'étude a développé la compréhension et les a aidés à poser la question de la réflexion et à réévaluer les connaissances acquises. Ils se sont exprimés par écrit et ont présenté leurs idées. La présentation des idées, des connaissances liées aux concepts s'est faite à l'aide de la communication.

Akpinar, Kadriye Dilek (2009) a intitulé sa recherche "Developing Communication Skill of EFL Teacher trainee". L'objectif de l'étude était de connaître l'importance de la communication pour les enseignants en formation pour les pratiques d'enseignement. L'échantillon de l'étude était de 40 enseignants stagiaires d'une université. Les données ont été collectées par le biais d'entretiens et d'observations. Les résultats ont révélé qu'une communication efficace joue un rôle important pour les enseignants en formation. Elle a permis de développer les compétences en communication et en enseignement de l'anglais. Elle a également développé l'auto-efficacité. Il s'agit du sentiment d'assumer ses propres tâches.

Morreale, SherwynP. , Osborn, Michael M. et Pearson, Judy C. (2014) intitulé "Why Communication is important : a rationale for the centrality of study of communication". L'objectif de l'étude était de connaître le rôle de la discipline dans la communication. La recherche était de nature analytique de contenu. L'échantillon de l'étude était de 100 articles, publications. Le résultat a révélé que les disciplines académiques jouent un rôle significatif dans la communication. Les disciplines académiques telles que l'histoire et la philosophie jouent un rôle important dans l'ingénierie pour le développement de la carrière. Il a également été constaté que les étudiants et les enseignants des disciplines scientifiques ont une bonne capacité de communication par rapport aux disciplines artistiques.

Sapriadil, S., Malik A et Hermita, N. (2014) intitulé "Optimizing students' Scientific Communication skills through Higher Order Thinking Virtual Laboratory (HOTVL)", comprenait l'objectif de l'étude pour optimiser la compétence de communication scientifique des étudiants. L'étude était de nature expérimentale. L'échantillon de l'étude était de 70 étudiants dont 35 étaient présents dans le groupe expérimental et 35 dans le groupe de contrôle. La technique d'échantillonnage utilisée était l'échantillonnage raisonné. Les résultats montrent que le laboratoire virtuel a un effet significatif sur la communication scientifique. L'un de ces étudiants a utilisé un raisonnement de haut niveau, le laboratoire virtuel a amélioré la compétence de communication scientifique dans l'activité de laboratoire.

Borthakur, Satyakam et Ambalika (2015) carrelé "Innovation dans la communication en classe et l'utilisation des arts de la scène comme une alternative appropriée", inclus objectif de connaître la relation de la communication par la performance et la communication éducative dans la classe d'arts. La recherche était de nature qualitative. Le résultat est qu'il n'y a pas de relation significative entre la communication éducative et la performance dans les classes d'arts. Grâce à la communication, l'enseignant peut éliminer les obstacles présents dans la performance et rendre la classe efficace.

Chrzanowski, Marcin M. , Cieszynsk, Agnieszka et Ostrowska, Barbara(2015) l'étude a été intitulée "Communication pendant les cours de sciences" inclus objectif d'évaluer la communication dans la classe de sciences. L'étude était une méta-analyse. Les données ont été recueillies par l'observation et le questionnaire d'opinion. L'étude a trouvé positif que les étudiants communiquent en classe de sciences en utilisant l'approche constructiviste. La communication s'est avérée efficace lorsque l'enseignant a identifié les problèmes des élèves et a essayé de les corriger. L'étude s'est concentrée sur la référence entre l'élève et l'enseignant.

Nartani, C. Indah, Hidayat, Rosidah, Allim et Sumaiyati (2015) se concentrent sur la " communication dans le contexte des mathématiques ". L'objectif de l'étude était d'évaluer la capacité de communication en mathématiques en référence à l'apprentissage contextuel en mathématiques. L'échantillon était les élèves de l'école primaire. Les données ont été recueillies par l'observation et l'interview. Le résultat a révélé que l'apprentissage contextuel améliore la communication mathématique des élèves. La communication en mathématiques, démontrée par la discussion verbale des élèves, les a aidés à formuler la définition et à généraliser dans leurs propres mots.

Hidayati, Wiwin Sri (2016) s'est concentré sur "Description communication verbale en mathématiques des étudiants futurs enseignants de mathématiques dans la pratique de l'enseignement". L'objectif de l'étude était d'évaluer le rôle de la communication en classe de mathématiques par les étudiants masculins et féminins. La recherche était de nature exploratoire. L'échantillon de l'étude était composé de deux étudiants et d'une étudiante qui étaient de futurs enseignants. Les données ont été collectées par le biais d'observations et d'entretiens. Les résultats montrent que la communication joue un rôle important dans la classe de mathématiques pour les étudiants et les étudiantes. Les étudiants masculins avaient une prononciation correcte et claire par rapport aux étudiantes en classe de mathématiques. Les élèves communiquaient correctement lorsqu'ils trouvaient que c'était efficace ou important pour eux. Ils ont également communiqué lorsqu'ils ont reçu un son approprié de l'enseignant pour participer à la classe de mathématiques.

Dehui Hu et Benjamin M. Zwickl (2017) intitulé "Qualitative investigation of students' views about Experimental Physics" comprenait l'objectif de connaître l'opinion des étudiants pour la physique expérimentale. Les données ont été collectées par le biais d'une échelle de likert. L'échantillon de l'étude était de 216 étudiants. Le résultat a montré que la physique expérimentale a aidé l'étudiant à comprendre correctement et clairement les concepts par la communication. Elle a également développé les connaissances scientifiques pour comprendre les équations et les concepts de la physique.

Kuehne, Lauren M. , Twardochleb, Laura A. et Fritschie, Keith J. (2017) étude intitulée "Stratégies pratiques de communication scientifique pour les étudiants diplômés" comprenait l'objectif d'évaluer la compétence développée en science par la communication. L'échantillon de l'étude était composé d'étudiants diplômés. Les résultats ont montré que la communication était efficace pour les cours de sciences. La communication développe les compétences scientifiques, l'écriture, la prise de parole en public, le leadership, la gestion et l'enseignement.

Elle permet également d'éliminer les obstacles et d'atteindre les objectifs de communication personnels et sociétaux.

Vale, Isabel et Barbosa, Ana (2017) étude "L'importance de voir dans la communication mathématique", inclus objectif d'étudier l'importance de la visualisation dans la communication mathématique. L'étude était de nature d'analyse de contenu. Les données ont été collectées à travers un questionnaire, des observations. Le résultat a révélé que la communication mathématique augmente l'intérêt et la motivation des étudiants pour améliorer les connaissances mathématiques. La visualisation développe la capacité d'écoute de l'apprenant à travers le partage des connaissances mathématiques.

Arici, Ismet (2018) recherche sur "Compétences de communication des étudiants dans les départements des beaux-arts des facultés d'éducation", inclus objectif de connaître l'importance de la communication dans les beaux-arts pour le développement des connaissances et des compétences. L'échantillon de l'étude était 125 étudiants enseignants dans lequel 60 étudiants appartenaient au département des arts et 65 étudiants appartenaient au département de formation des enseignants de musique. Les données ont été recueillies par le biais d'un inventaire. Le résultat a montré que la communication est efficace dans l'éducation artistique. Elle développe les aspects mentaux, émotionnels et comportementaux de l'apprenant. Ces aspects développent la confiance en soi et aident à connaître les capacités de l'apprenant.

Pour résumer les 14 études relatives à la **communication sage par discipline,** il a été constaté que cinq études étaient indiennes. Les disciplines explorées étaient les mathématiques, l'anglais, les langues, les sciences et les arts dans le domaine du laboratoire virtuel, de la salle de classe et de la fourniture de contenu pour la communication. L'échantillon des études comprenait des étudiants et des articles de l'enseignement scolaire et supérieur. Les résultats indiquent que dans toutes les disciplines, la communication joue un rôle important dans l'amélioration d'attributs tels que le développement d'idées**, le** développement de carrière, l'auto-efficacité, l'efficacité en classe, la capacité linguistique, les caractéristiques linguistiques, la résolution de problèmes, la généralisation des mots, la différence de prononciation entre les professeurs de mathématiques masculins et féminins, la compréhension des équations et des concepts, compétence scientifique, leadership, gestion et confiance en soi (Hirschfield 2008, Morreale, Zamir 2013, Osborn et Pearson 2014, Sapriadil, Hermita 2014,Borthakur 2015, Chrzanowski, Cieszynsk et Osterowska 2015, Nartani,

Rosidah et Sumaiyati 2015, Hidayati 2016, Dehui et Benjamin 2017, Kuehne, Twardochleb et Keith 2017, Vale et Barbosa 2017 et Arci 2018).

Deux études ont indiqué de manière catégorique le développement de la communication par l'écriture et la parole (Kuchne, Twardecheb, Fritschie 2017), tandis que Vale et Barbosa (2017) ont observé que la visualisation (lecture ou observation) améliorait la capacité d'écoute. Dans la plupart des études, la communication a été choisie comme variable indépendante et aucune des études n'a indiqué la variable et aucune des études n'a indiqué la différence entre les filières scientifiques ou artistiques en référence à l'amélioration de la communication.

2.4.0 INTELLIGENCE MULTIPLE ET COMMUNICATION

Les recherches antérieures liées à l'intelligence multiple et à la communication comprennent la recherche de **Flerros, Edward Garcia** (2004) intitulée "How multiple intelligences theory can guide Teachers' Practices". L'objectif de l'étude était de connaître le rôle de l'intelligence multiple pour les pratiques d'enseignement. L'échantillon de l'étude était composé de 18 enseignants. Les données ont été collectées par le biais d'observations et d'une échelle d'évaluation. Le résultat a révélé que l'intelligence multiple a un rôle significatif dans la pratique de l'enseignement. La connaissance des huit dimensions de l'intelligence multiple, telles que l'intelligence corporelle, kinesthésique, visuelle, musicale, interpersonnelle, a aidé à traiter avec les enseignants et à rendre leur communication efficace en utilisant différents modes d'activités.

F . E. Gouws (2007), dont l'étude intitulée "Teaching and learning through Multiple Intelligences in the outcomes-based Education Classroom" (Enseignement et apprentissage par le biais des intelligences multiples dans la classe d'éducation basée sur les résultats), s'est concentrée sur l'intelligence et les résultats basés sur l'éducation. La recherche était de nature méta-analytique. Le résultat est qu'il existe un effet significatif de l'intelligence sur les résultats d'apprentissage. De meilleurs résultats d'apprentissage proviennent des activités d'apprentissage utilisées en classe. L'intelligence crée des connaissances et des compétences en utilisant la communication en classe. La communication a été améliorée en utilisant de meilleures opportunités données par l'enseignant et la communication les a aidés à réaliser leur propre potentiel.

L'étude de **Jefferson, Charles Peeler** (2007), intitulée "Implementation of Multiple Intelligences in the Classroom to Enhance Student Learning", avait pour objectif d'évaluer l'intelligence multiple des étudiants en mathématiques. L'étude était de nature expérimentale. Une technique d'échantillonnage aléatoire a été utilisée pour sélectionner 35 étudiants de l'université. Le résultat a révélé que l'intelligence multiple s'est avérée efficace pour améliorer le processus d'apprentissage de l'apprenant. De plus, l'efficacité de l'individu à résoudre les problèmes et les opportunités de carrière ont été améliorées.

La recherche de **Conti, Gary J. et Mcclellan, Joyce A.** (2008) intitulée "Identifier l'intelligence multiple des étudiants", s'est concentrée sur la connaissance de l'intelligence multiple des étudiants et de leurs différences individuelles. L'échantillon de l'étude était de 874 étudiants. L'étude était une enquête par nature. L'enseignant a utilisé l'intelligence multiple des élèves en leur confiant des projets et des tâches. L'intelligence multiple renforce et encourage la créativité. Le résultat a révélé que l'intelligence multiple soutient la connaissance de l'apprenant et l'apprentissage autorégulé par le biais de tâches individuelles. Ces tâches ont augmenté l'éducation centrée sur l'étudiant, ce qui a amélioré la communication en classe.

L'étude de **Heming, Andrea Lauren** (2008) sur "Les intelligences multiples en classe" avait pour objectif d'analyser les intelligences multiples en classe. L'échantillon de l'étude était de 620 étudiants. Les données ont été recueillies par l'observation et l'entretien. L'étude a porté sur les intelligences multiples suivantes : corporelle-kinesthésique, interpersonnelle, intrapersonnelle, logique-mathématique, musicale-rythmique, naturaliste, verbale-linguistique, visuelle-spatiale. Le résultat a révélé que l'intelligence multiple était utile pour améliorer le potentiel de chaque étudiant et qu'elle aidait également l'enseignant à créer des étudiants actifs en classe. Cette participation en classe a créé le potentiel pour exposer l'intelligence dans différentes perspectives.

Carlin, Rebeca Elena, Salazar, Maria Del Carmen et Cortes, Susana Velazouez (2010) une "étude mexicaine de l'intelligence multiple pour les enseignants de pré-service d'anglais comme langue étrangère" a inclus l'objectif de l'étude pour évaluer l'intelligence multiple des étudiants de collège. L'échantillon de l'étude était composé de 74 étudiants, dont 55 étaient des femmes et 19 des hommes. L'âge des étudiants était de 18 à 24 ans. Les résultats ont révélé que l'intelligence kinesthésique, interpersonnelle et musicale était la plus élevée, tandis que l'intelligence naturaliste, existentielle, linguistique verbale, logique mathématique et visuelle spatiale était la plus faible. Il s'agit d'un moyen approprié d'acquérir des connaissances et de l'expérience.

Srikuruwal, Rajini.(2011) étude a été intitulée "Efficacité du kit de formation sur une intégration de l'intelligence multiple dans la classe de langue anglaise." L'objectif de l'étude était d'évaluer l'efficacité du kit de formation pour augmenter la connaissance de l'intelligence multiple. L'échantillon de l'étude était composé de 75 enseignants en poste et de 225 étudiants du collège de formation. Les données ont été collectées par le biais d'un inventaire et d'un outil d'observation. Le résultat a révélé que l'intelligence joue un rôle significatif dans la salle de classe. Les scores de l'intelligence multiple avant et après le test différaient de manière significative. Cela indique que le kit d'outils est efficace pour les stagiaires. L'expérience de l'enseignant est également importante dans le processus de formation. L'intelligence multiple a amélioré les connaissances de l'apprenant et la motivation en classe.

Radosz, Jan (2013) étude intitulée sur "Global Index of Acoustic Quality of Classroom" inclus l'objectif d'évaluer l'intelligence, le bruit de la source externe, l'effort sur la partie vocale dans la salle de classe. L'étude était de nature expérimentale où 242 étudiants ont été choisis comme échantillon. L'étude a révélé que l'intelligence liée au contenu et au confort de l'enseignement et de l'apprentissage, affecte l'intelligence de l'apprenant. La condition de la salle de classe a été améliorée en utilisant du matériel d'absorption dans la salle de classe et en fournissant une bonne qualité acoustique à la salle. Une bonne qualité acoustique améliore la capacité d'écoute de l'apprenant et affecte directement l'intelligence de l'apprenant.

Puglisia, G.E, contor, L.C. Parvesea, L. et LOrenzattia, V.(2015). L'étude était intitulée " Confort acoustique dans les salles de classe des lycées pour les élèves et les enseignants ". L'objectif de l'étude était d'évaluer la qualité acoustique des salles de classe par des mesures. La recherche est de nature expérimentale. L'échantillon de l'étude était constitué de deux bâtiments scolaires situés dans des lieux différents. Les mesures effectuées sur le terrain comprenaient l'état acoustique de la salle, le niveau d'intelligence des élèves dans les salles occupées et non occupées. Les résultats ont révélé que la voix de l'enseignant dans différents bâtiments avait une valeur différente pour l'auto-évaluation et la compétence vocale. Le paramètre vocal et l'intelligence de l'apprenant ont été déclarés identiques pour les conditions acoustiques, ce qui les a mis à l'aise pour communiquer en classe.

Tiesler, Gerhart. Machner, Rainer et Brokmann, Holger (2015) l'étude était intitulée "L'acoustique de la classe et l'impact sur la santé et le comportement social." L'objectif de l'étude était d'enquêter sur la communication avec l'acoustique de la classe. L'échantillon de l'étude était deux écoles et chaque école avait 4 salles de classe. Les données ont été recueillies par l'observation de 175 leçons. L'étude a également porté sur l'absorption, le temps de réverbération et l'intelligence. Le résultat a révélé que les caractéristiques de la salle avaient un effet significatif sur l'absorption et temps de réverbération de la salle. La valeur de moins et de plus les a aidés à évaluer la communication. Le niveau de communication inclut le taux d'écoute. Le taux d'écoute et la capacité d'expression des étudiants ont augmenté la communication. Une bonne communication inclut la capacité d'écoute et d'expression, ce qui montre le niveau d'intelligence des étudiants.

Kuntze, Jeroen . Molen , Henk T. vander et Born, Marise (2016) studyfocused on "Mastery of Communication Skills. L'intelligence compte-t-elle ? ". L'objectif de l'étude était de connaître le rôle de l'intelligence sur les compétences de communication. L'échantillon de l'étude était composé de 332 étudiants diplômés. L'étude était une enquête par nature. Les résultats ont montré que l'intelligence joue un rôle important dans la communication. Les étudiants ont surtout utilisé la communication verbale grâce à l'intelligence. L'intelligence aide les étudiants à s'adapter à une nouvelle situation et à y répondre.

Dahdah, Emily Grace. (2017) l'étude était intitulée sur "Culturally Intelligent (CQ) Teaching Capabilities : Les capacités CQ des artistes enseignants de Neighborhood Bridges dans les salles de classe urbaines ". Objectifs de l'étude était d'évaluer les capacités d'enseignement de l'enseignant pour l'intelligence culturelle. La technique de l'échantillonnage raisonné a été utilisée. L'échantillon de l'étude était de 28 enseignants. Les données ont été collectées par le biais d'observations et d'entretiens. Il a été constaté que l'intelligence culturelle était liée aux capacités d'enseignement. Un enseignement efficace comprend une bonne relation entre l'élève et l'enseignant, la communication entre les différents aspects culturels. L'intelligence culturelle inclut le développement de la relation entre les différentes différences culturelles. L'intelligence culturelle améliore les capacités des enseignants et réduit les écarts de résultats.

Kahan, Dan M. (2017) le sujet d'étude était "Ordinary science intelligence' : a science comprehension measure for study of risk and science communication, with notes on evolution and climate change". L'objectif de l'étude était de connaître le rôle de l'intelligence scientifique ordinaire dans la communication scientifique. Dans cette étude, l'outil de communication scientifique a été validé et s'est concentré sur la capacité de prise de décision et la communication scientifique de l'apprenant en classe. L'échantillon de l'étude était composé de 178 élèves de l'école. Le résultat a révélé que l'intelligence scientifique dans la classe de sciences a contribué au processus de communication. Elle se concentre sur la pensée convergente et divergente de l'apprenant. La communication en classe de sciences rend l'élève efficace dans l'adaptation et le raffinement du comportement existant.

En résumé, 13 études ont été triées en référence à l'intelligence multiple et à la communication. Il a été constaté que cinq études étaient d'origine indienne tandis que les huit autres étaient étrangères. Les études relatives à l'intelligence ont indiqué le rôle de l'intelligence dans l'amélioration d'attributs tels que la capacité d'enseignement, sa gestion (Guows 2007, Srikuruwal 2011), les différences individuelles (Conti et Meclellan 2008) et l'aide à l'ajustement, l'adaptation et le raffinement du comportement (Dahdah 2017). En outre, l'intelligence multiple a été trouvé pour améliorer les attributs des capacités et des pratiques d'enseignement, la gestion de l'enseignement (Sucaromanal2012, Gary J. et Mcclellan 2008, Jefferson 2007), le développement du langage (Carlin, Salazar et Cortes 2010, Srikuruwal 2011), le potentiel d'intelligence dans différentes situations (Heming 2008, Dahdah 2017 et Flerros 2004), de meilleures conditions acoustiques et de meilleurs paramètres vocaux (Tiesler, Rainer et Brokmann, 2015, Radosz 2013), la prise en compte des différences individuelles (Sucaromanal 2012, Cordi. et Mcclellan 2008, Jefferson 2007), le développement du langage (Carlin, Salazar et Cortes 2010, Srikuruwal 2011) et l'adaptation et le raffinement du comportement (Kahan, 2017, Holger2015). Les échantillons de l'étude précédente étaient des élèves de l'école primaire, des étudiants de l'école secondaire, des étudiants de l'école secondaire supérieure, des étudiants en éducation physique, des étudiants du collège, des étudiants de premier cycle, des étudiants du collège et des joueurs universitaires. Les études ont montré que les intelligences affectent la communication acoustique. Trois études ont trouvé des dimensions multiples d'intelligence ayant une association avec la communication acoustique. L'acoustique améliore l'intelligence (Radosz 2013, Ppuglisia, Parvesea et Orenzattia 2015). Dans ces études, l'échantillon était composé d'élèves et d'enseignants interagissant dans différents bâtiments.

2.5.0 MOTIVATION POUR LA COMMUNICATION

Les recherches antérieures liées à la motivation pour la communication comprennent la recherche de **Mccrosky, Jmaes C.** (2006) intitulée "The Relationships of Student End-of-Class Motivation with Teacher Communication Behavior's and Instructional Outcomes". L'objectif de l'étude était de connaître la relation entre la motivation et la communication en termes de résultats. L'étude était une enquête par nature. L'échantillon de l'étude était de 189 étudiants. L'étude a montré que la motivation et la communication ont une relation significative en termes de résultats. La motivation a incité le contenu du cours à la participation de tous les étudiants en classe. L'étudiant et l'enseignant ont tous deux participé en classe pour délivrer le contenu par le biais de la communication, améliorant ainsi le potentiel de l'apprenant.

Ahmed, Salem. (2007) ont intitulé leur étude "A study on motivation of EFL learners at higher secondary level in Bangladesh". L'objectif de l'étude était de connaître la différence d'orientation de la motivation des étudiants d'EFL des zones rurales et urbaines. Elle visait également à connaître la relation entre le facteur socio-économique et le niveau de motivation. L'échantillon de l'étude était composé de 120 étudiants des zones rurales et urbaines de 4 collèges. Les résultats ont révélé que les différentes orientations de la motivation sont favorables et efficaces pour la communication. Les facteurs socio-économiques ont été trouvés pour être différents à différents niveaux de motivation. Les étudiants ruraux sont moins motivés que les étudiants urbains. La raison derrière ce facteur socio-économique était d'attirer l'attention et la motivation qui a aidé à une communication efficace.

L'étude de **Vanhala, Anne Riitta** (2008) intitulée "Comment motiver les étudiants et créer un environnement d'apprentissage favorable" comprenait l'objectif de l'étude qui était de connaître la relation entre l'enseignement des langues, la motivation et l'environnement d'apprentissage. Le concept de motivation a créé une atmosphère d'apprentissage appropriée et s'est avéré être la meilleure méthode utilisée en classe pour obtenir des résultats favorables. L'échantillon de l'étude était composé d'étudiants universitaires. L'objectif de la motivation était d'améliorer la communication en classe, notamment les compétences en matière d'expression orale, de lecture et d'écriture. Le résultat a révélé que les différentes activités et méthodes utilisées en classe améliorent l'apprentissage des langues et créent une atmosphère d'apprentissage pour atteindre la communication souhaitée.

Majid, Norliza Abdul. Jelas, Zalizan Mohd Azman, Norzaini et Rahman, Saemah (2010), intitulée "Communication skills and Work Motivation among expert Teachers", s'est attachée à évaluer les compétences de communication des enseignants pour le processus d'enseignement et d'apprentissage et l'importance de la motivation au travail dans la communication en classe. La technique d'échantillonnage utilisée dans cette recherche était l'échantillonnage raisonné. L'échantillon de l'étude était de 45 enseignants. Le résultat a révélé que la motivation interne et externe de l'apprenant a travaillé dans une communication efficace principalement axée sur les compétences d'enseignement, l'amélioration des connaissances, les relations interpersonnelles et le développement. Ces facteurs sont importants pour le processus d'enseignement et d'apprentissage en classe.

Jeff, Kerssen-Griep. (2011) ont étudié les "activités de communication des enseignants pertinentes pour la motivation des étudiants". L'objectif était de découvrir le lien entre la communication des enseignants et la motivation des étudiants. L'échantillon de l'étude était composé de 85 étudiants de l'université et de 2 professeurs d'université. L'âge des participants était compris entre 27 et 44 ans. Le résultat a révélé qu'un niveau de motivation positif était obtenu grâce à un soutien facial et une interaction en classe. Les étudiants étaient motivés pendant la compétition inter-collèges. L'école a cru à leur correspondance scolaire en fonction de la structure de la classe, du rôle social et du niveau de communication. Ces éléments ont également renforcé l'autodétermination et l'interaction des apprenants. Un niveau élevé de communication impliquait une motivation pour l'autodétermination.

Khunyodying, Chanatipha (2011) étude sur "L'utilisation des tâches créatives pour améliorer la motivation des apprenants et les compétences d'écoute et d'expression pour la communication : An action research", avait pour objectif d'évaluer l'apprenant sur les tâches créatives dans l'apprentissage de l'anglais. L'étude s'est concentrée sur les compétences d'écoute et d'expression orale. L'échantillon de l'étude était de 30 étudiants appartenant à des cours techniques. Les données ont été collectées par l'observation et l'échelle d'évaluation. Les résultats ont montré que les étudiants apprennent mieux grâce à différentes tâches créatives, notamment les jeux et l'interaction en classe. Ces tâches améliorent le vocabulaire de l'apprenant et de l'enseignant et leur reconnaissance des différents aspects sonores de l'expression orale. Elles ont permis de supprimer l'autonomie en classe et de renforcer l'apprentissage coopératif.

Wai, Chan Kwok (2011) recherche sur "la motivation et l'engagement des enseignants en service dans l'enseignement". Les objectifs de l'étude étaient de connaître la motivation et l'engagement des enseignants dans l'enseignement. Les données ont été collectées à travers 106 formateurs d'enseignants de l'université. Les données ont été recueillies par le biais d'un questionnaire. Les résultats ont montré que la motivation interne/altruiste avait une importance dans l'engagement des enseignants. La motivation comprend les facteurs internes, externes, l'influence des autres et la motivation altruiste. En revanche, l'engagement de l'enseignant a un effet sur l'apprentissage des apprenants et le développement de l'école, l'importance de l'enseignement et des pratiques à l'école, le choix de l'enseignement comme carrière, l'interaction élève-enseignant comme facteurs. Ces facteurs ont eu un effet combiné les uns sur les autres pour augmenter l'engagement en classe.

Bias, Kamaruddin (2012) était intitulé " Influence de l'interaction entre l'enseignant et l'élève dans le comportement en classe sur la motivation académique et de l'élève dans l'institut de formation des enseignants en Malaisie ". L'objectif de l'étude était d'évaluer la relation entre l'interaction élève-enseignant et la motivation de l'apprenant. L'échantillon de données était de 92 étudiants. Les données ont été recueillies par le biais d'un questionnaire. L'étude a révélé que l'interaction entre l'enseignant et l'étudiant influence de manière significative la motivation académique. Elle implique le contrôle, la soumission, la résistance et la co-relation pour une motivation accrue chez l'apprenant. Ces facteurs ont combiné la communication de l'apprenant en classe.

B. Scott (2012) étude intitulée "The Effect of Praise on Student Motivation in the basic Communication Course", comprenait l'objectif d'évaluer l'effet de la louange sur la motivation des étudiants pendant la communication. L'échantillon de l'étude était de 64 étudiants dans lequel 35 étaient des hommes et 29 étudiants étaient des femmes. L'étude était une étude pilote par nature. Le résultat a révélé que la motivation était efficace pour la communication. Elle a fourni beaucoup d'opportunités à l'enseignant pour communiquer en classe. L'enseignant a motivé ou démotivé l'apprenant pour sa participation. Ainsi, l'interaction entre l'enseignant et l'élève était significative pour la motivation académique. Elle implique le contrôle, la soumission, la résistance et la co-relation pour améliorer la motivation de l'apprenant. Ces facteurs co-relationnels ont amélioré la communication de l'apprenant en classe.

Ababio, Bethel t. (2013) l'étude était intitulée "Motivation et enseignement en classe en géographie". L'objectif de l'étude était de connaître les pratiques en classe et de fournir une suggestion aux enseignants pour créer la motivation dans l'environnement de la classe. Le résultat a révélé que l'apprentissage des élèves dépendait des types de motivation dans l'environnement de la classe qui étaient la motivation interne et externe. La motivation se produit lorsque l'enseignant utilise des compétences représentatives avec une attitude positive envers l'enseignement. L'enseignant a également utilisé l'engagement de l'élève et un retour d'information approprié en classe pour communiquer. L'enseignant s'est concentré sur les besoins des aspects sociaux, psychologiques, intellectuels et émotionnels des élèves. L'élève communiquait lorsque le sujet présenté par l'enseignant l'intéressait.

Dislen, Gokee (2013) recherche sur les "Raisons du manque de motivation pour la voix des étudiants et des enseignants", a porté sur l'évaluation du rôle de l'intérêt dans la leçon et les moyens d'améliorer la motivation en classe. Les données ont été recueillies par l'observation, l'entretien et le questionnaire. Une technique d'échantillonnage à dessein a été utilisée pour sélectionner 15 étudiants et 8 enseignants. Le résultat a révélé que le facteur âge, l'habitude de résoudre des questions, le programme d'études. Les problèmes liés à la santé, le manque de ressources, les méthodes traditionnelles d'enseignement étaient des raisons pour créer un intérêt dans la classe. L'atmosphère positive, le soutien de la classe, le soutien de l'enseignant et son attitude positive, la nature paisible de l'enseignant sont des moyens d'améliorer la motivation en classe.

L'étude de **Hashimoto, Yuki** (2013) était " Motivation and willingness to communicate as predictors of reported L2 use : the Japanese ESL context ". L'objectif de l'étude était d'évaluer l'utilisation de la langue seconde en classe. Les données ont été recueillies par le biais du logiciel Amos version 4.0. Le résultat a montré que la motivation et la communication étaient significativement dépendantes l'une de l'autre ; les apprenants qui avaient plus de motivation pour l'apprentissage de la langue et qui voulaient communiquer dans la langue, répondaient davantage en classe.

Richmond, Virginia P. (2014) axé sur "La communication dans la salle de classe : Pouvoir et motivation ". L'objectif était de connaître le rôle de la motivation dans la communication en classe. L'échantillon de l'étude était de 128 étudiants. Les données ont été recueillies par le biais d'un questionnaire d'opinion. Le résultat a montré que la motivation avait un rôle significatif dans la communication. L'étude s'est concentrée sur la participation de l'enseignant en classe et l'efficacité de l'enseignant est utilisée pour améliorer l'apprentissage cognitif et affectif de l'étudiant afin qu'il participe à la classe.

Duta, Nicoleta. Panisoara, Georgeta et Ovidiu, Ion (2015) étude intitulée "La communication efficace dans l'enseignement : étude diagnostique concernant la motivation d'apprentissage académique aux étudiants." L'objectif de l'étude était de connaître l'opinion pour les compétences de communication et la motivation utilisées par l'enseignant pour les étudiants. L'échantillon de l'étude était composé de 245 étudiants universitaires. Le résultat a révélé que l'utilisation de la motivation rend la communication efficace. La communication rend le processus d'enseignement et d'apprentissage efficace. La motivation de l'enseignant a permis aux apprenants de participer en classe. Une bonne communication et une bonne motivation influencent l'aspect pédagogique. La communication utilisée par l'enseignant se concentre sur l'intérêt et l'attitude des étudiants pour la communication en situation de classe.

Fabio, torrico (2015) étude sur "Drama Techniques to enhance Speaking Skills and Motivation in the EFL Secondary Classroom", comprenait l'objectif d'évaluer la compétence d'expression orale de l'apprenant par la technique du théâtre. L'échantillon de l'étude était de 6 étudiants. Les données ont été recueillies par le biais d'un questionnaire. Les résultats ont révélé que la motivation avait une relation significative avec les compétences d'expression orale. La compétence d'expression orale a été améliorée par l'activité théâtrale pour créer un intérêt pour la langue. La motivation de l'apprenant est importante dans le processus d'apprentissage et d'enseignement. L'engagement dans le travail en classe est la raison de la motivation des étudiants.

Bukurie Lila (2016) titre de la recherche était "Hinders Student's Motivation - A case study of Albani". L'objectif de l'étude était de connaître les différents types de motivation et leur utilisation en classe par les enseignants. Elle visait également à connaître le rôle des enseignants, la méthode, les techniques et les stratégies utilisées par les enseignants en classe. L'outil utilisé pour la recherche était l'observation, le questionnaire et l'enquête par les étudiants. L'échantillon de l'étude était composé de 24 enseignants et de 100 élèves des classes 10, 11 et 12. Les élèves qui avaient une motivation reconnue en classe, réussissaient et communiquaient en classe. La motivation appropriée et le besoin de l'individu ont rempli la productivité de chaque étudiant.

Diloyan, Angela (2017) titre de la recherche était "L'importance de la communication en classe : l'impact des compétences de communication efficaces sur l'enthousiasme des étudiants". Université américaine d'Arménie. L'objectif de l'étude était de connaître la relation entre l'étudiant et l'enseignant sur la communication et son effet sur l'enthousiasme de l'étudiant. L'échantillon de l'étude était constitué d'élèves de l'enseignement secondaire d'Arménie. La nature de l'étude était expérimentale par nature. Les données ont été collectées par le biais d'observations et d'entretiens. Le résultat a révélé que la communication entre l'élève et l'enseignant avait une relation significative avec l'enthousiasme de l'élève à l'intérieur de la classe, alors que cette relation s'est avérée insignifiante à l'extérieur de la classe. L'étudiant a toujours voulu bénéficier du soutien et de l'aide psychologique des enseignants.

Pour résumer, parmi les 18 études relatives à la motivation et à la communication, 8 études étaient indiennes et 10 étaient d'origine étrangère. Ces études portaient sur l'enseignement en classe, le développement du langage et l'éducation physique. Les participants étaient des élèves et des étudiants de l'enseignement supérieur. Les résultats des recherches indiquent que le rôle de la motivation est important pour améliorer la communication des participants (Mccrosky 2006, Ahmed 2007, Vanhala 2008, Majid, Zalizan, Rahman 2010, Jeff 2011, Khunyodying 2011, Wai 2011, B. scott 2012, Brno 2012, Ababio 2013, Dislen 2013, Hashimoto 2013, Richmond 2014, Duta, Panisoara& Ovidio 2015, Fabio 2015, Bukurie 2016, Jagadambal 2015& Dilogan 2017).

L'aspect communication était visible en termes de présentation (Majid 2010, Wai 2011, Mc. Crocky 2006), d'apprentissage des langues (Ahmedc Selem 2007), de développement de l'expression orale, de la lecture et de l'écriture (Vanhola 2008, Fahio 2015), d'amélioration des connaissances, de relations interpersonnelles (Majid 2010), d'autodétermination et d'interaction (Jeff 2014), de développement cognitif, psychologique et émotionnel (Abobio 2013, Richmond 2014) et d'enthousiasme en classe (Jagchambal 2015, Di liyan 2017). Mais en dehors de la classe, aucune étude n'a indiqué que la communication avait un lien avec la motivation.

2.6.0 RAPPORT SOURCE-RÉPONDANT DANS LA COMMUNICATION

Les recherches antérieures liées au rapport source-répondant comprennent l'étude de **Fermier, Ann Bainbridge et Marian L. Houser** (2006) intitulée "The Teacher-Student Relationship as an Interpersonal Relationship". L'objectif de l'étude était de connaître la relation entre les compétences en communication et la relation entre l'étudiant et l'enseignant. L'échantillon de l'étude était composé de 93 étudiants universitaires, dont 32 hommes et 61 femmes. Les résultats ont montré que la compétence de communication était liée à la relation entre l'étudiant et l'enseignant. En classe, l'ego de l'étudiant, le soutien, le conflit et la compétence référentielle pour la communication en classe. Elle établit une relation entre l'apprentissage et la motivation des élèves. La communication verbale et non verbale est présente dans la salle de classe pour construire la relation entre l'étudiant et l'enseignant.

Leitao, Natalie et Waugh, Russell F. (2007) ont étudié "Students' views of Teacher Student Relationship in Primary School". L'objectif de l'étude était d'examiner la relation entre l'élève et l'enseignant du point de vue de l'élève. La relation entre l'élève et l'enseignant comprend la connexion, la disponibilité et les compétences de communication. L'étude a exploré l'aspect social et émotionnel. L'échantillon de l'étude était composé de 139 étudiants, dont 70 hommes et 69 femmes. Les données ont été recueillies par le biais d'un questionnaire. Les données ont révélé que la relation entre l'étudiant et l'enseignant affecte le comportement et l'attitude de l'apprenant. Elle a également renforcé le besoin de chaque apprenant individuel.

La recherche de **Dobransky, Nicole Denise** (2008) était intitulée "Optimizing Learning through Teacher -Student Relationship : a test of the causal process Student understanding mode". L'objectif de l'étude était d'évaluer la compréhension de l'apprenant due à la relation enseignant-étudiant. La recherche était de type enquête. L'échantillon de l'étude était de 553 étudiants de collège dont 289 étaient des femmes et 264 des hommes. Le résultat a révélé que la relation entre l'enseignant et l'étudiant augmente la compréhension de l'apprenant. Le comportement de communication de l'enseignant implique la recherche de soins et d'affinités. Il implique une solidarité pédagogique. Les questions et la motivation des étudiants augmentent la compréhension des étudiants.

L'étude de **Garcia, David Pelegrin** (2011) s'intitulait "The role of Classroom Acoustics on Vocal Intensity regulation and Speakers' comfort". L'objectif de l'étude était de connaître la relation entre l'acoustique de la classe et la voix de l'enseignant. L'échantillon de l'étude était de 78 étudiants. La recherche était de nature expérimentale. Les résultats ont montré que le confort acoustique de l'enseignant dépendait de la relation entre l'étudiant et l'enseignant et de la condition acoustique de la salle de classe. L'intensité de la voix a été ajustée en augmentant le soutien vocal dans la classe, en réduisant la distance entre l'élève et l'enseignant. La distance entre l'élève et le professeur améliore la situation acoustique de la classe et la partie vocale de l'orateur.

Ashaver, Sandra Mwuese Igyuve Doosuur (2013) étude sur l'utilisation du matériel audiovisuel dans les processus d'enseignement et d'apprentissage dans les collèges d'éducation dans l'État de Benue-Nigeria était de connaître l'effet du matériel audiovisuel sur l'enseignement en classe processus d'apprentissage. L'échantillon a été collecté par l'observation et le questionnaire. L'étude a révélé que le matériel audiovisuel est assez adéquat pour améliorer le processus d'enseignement et d'apprentissage. Les enseignants qui ont utilisé du matériel audiovisuel se sont montrés plus interactifs et communicatifs pendant le travail en classe. Les étudiants étaient plus intéressés et participaient davantage aux activités de la classe.

Mamun, Md. Abdullah (2014) se sont concentrés sur " l'efficacité des aides audiovisuelles dans l'enseignement des langues au niveau tertiaire ". L'objectif de l'étude était d'évaluer l'utilisation du matériel audiovisuel dans l'enseignement en classe. La recherche était de nature qualitative. Les résultats ont montré que les aides audiovisuelles avaient un impact significatif sur les compétences d'apprentissage. Les enseignants ont utilisé des images, des clips audio, des vidéos, des diapositives PowerPoint et des affiches. Ils se sont avérés efficaces pendant l'enseignement des langues, ces aides améliorent la communication dans le travail en classe et les étudiants participent davantage.

Ghavifekr, Simin, Rosdy, Wan Athirah Wan (2015) a enquêté sur "Enseignement et apprentissage avec la technologie : Efficacité de l'intégration des TIC dans les écoles ". L'objectif de l'étude était d'analyser les perceptions des enseignants sur l'efficacité de l'intégration des TIC pour soutenir le processus d'enseignement et d'apprentissage en classe. L'étude était une enquête par nature. L'échantillon était composé de 101 enseignants. Le résultat est que l'intégration des TIC a une grande efficacité à la fois pour les enseignants et les étudiants et que la préparation bien équipée des enseignants avec des outils et des installations TIC est l'un des principaux facteurs de l'enseignement et de l'apprentissage basés sur la technologie. L'amélioration de l'apprentissage et de l'enseignement est possible grâce à la communication et à une participation accrue au développement professionnel.

Hilal Almara'beh, Ehab F. Amer, Amjad Sulieman (2015) s'est concentré sur " L'efficacité des outils d'apprentissage multimédia dans l'éducation ". L'objectif de l'étude était de connaître l'efficacité des outils multimédias dans la communication en classe. L'étude a inclus un échantillon de 240 apprenants et 48 enseignants. Les données ont été recueillies par le biais d'un questionnaire. Les résultats ont montré que le multimédia était un moyen efficace de développer la communication en classe. Le multimédia implique le satellite, les ordinateurs, l'audio et la vidéo. Il a amélioré l'augmentation par le biais d'une interaction accrue entre les enseignants, les étudiants, et les didacticiels également des moyens innovants pour rendre l'apprentissage plus dynamique, plus durable, et plus applicable au monde en dehors de la salle de classe.

Jagadambal, C. (2015) s'est concentré sur " la relation étudiant - enseignant ". L'objectif de l'étude était de connaître la relation enseignant-étudiant pour le développement social. L'étude a trouvé un résultat positif que les étudiants qui étaient positifs et avaient une relation de soutien avec l'enseignant avaient un niveau élevé de réussite par rapport à l'étudiant qui avait des conflits dans la relation. L'enseignant a créé une relation positive par le biais de la communication et des commentaires donnés aux élèves. L'étudiant se sent enthousiaste à travers l'enseignement et l'étudiant se sent heureux et cherche à l'école.

Hall, Vernon C. (2017). Revue de la recherche sur "Classroom Communication Patterns, Leading to Improved Student Performance", comprenait l'objectif de connaître l'effet de la relation entre l'élève-enseignant sur la communication en classe. La recherche était de nature méta-analytique. Les données ont été recueillies au moyen d'échelles d'évaluation. Le résultat a révélé que la relation entre l'élève et l'enseignant est significative de la communication en classe. La relation élève-enseignant comprend une bonne attention de la part de l'enseignant qui influence le niveau d'intelligence de l'élève. De nombreuses études ont été trouvées pertinentes pour la relation élève-enseignant. Il a été constaté que la connaissance de l'enseignant crée une relation entre l'étudiant et l'enseignant. Elle aide l'élève à communiquer en classe. Elle améliore la partie vocale de l'élève et son comportement en classe.

Elhay, Amir Abd, et Hershkovitz, Amon (2018) intitulé "Perceptions des enseignants de la communication hors classe, de la relation enseignant-élève et de l'environnement de la classe". L'objectif de l'étude était de connaître la relation entre la relation enseignant-élève et l'environnement de la classe et la communication enseignant-élève. Ici, la communication a été recherchée en termes de développement académique, social et émotionnel de l'apprenant. L'échantillon de l'étude était composé de 155 étudiants dont l'âge était compris entre 15 et 30 ans. L'échantillon était réparti entre les hommes et les femmes, 43 étant des hommes et les autres des femmes. . Les données ont été recueillies par le biais d'un questionnaire. Le résultat a montré que la communication en classe était positivement influencée par la relation enseignant-élève.

Pour résumer, onze études de 2006 à 2018, relatives au rapport source-répondant, comprenaient cinq études indiennes et six études étrangères. Ces études comprenaient des échantillons d'écoliers, de collégiens, d'étudiants de premier cycle. Les résultats cumulés de ces recherches indiquent que le rapport source-répondant joue un rôle important dans la communication (Frymier 2006, Leitao, Waugh 2007, Dobransky 2008, Garcia 2011,Ashaver 2013, Jagadambal 2015, Hall 2017, Elhay 2018).

Toutes ces études étaient liées à la relation élève-enseignant qui était la raison de l'amélioration de la communication en termes d'expression de l'ego, de soutien, de conflit et de compétence référentielle (Frymier et Houser 2006, Jagadambal 2015), de comportement et d'attitude (Leitao 2007, Elhay et Harshkovitz 2018, Waugh 2007). La perception des enseignants (Ghavifekar et Rosdy 2015), le processus d'enseignement et d'apprentissage (Ashaver et Mwuese 2013), l'enseignement (Mamun 2014) . L'une des études menées par Garcia, 2011 a constaté que l'intensité de la voix augmentait ou diminuait la distance entre l'élève et l'enseignant.

2.7.0 RÉSUMÉ

En examinant les 95 (quatre-vingt-quinze) études ci-dessus, dont 35 étaient d'origine indienne et 60 d'origine étrangère, on peut conclure que la communication, en particulier l'acoustique, est associée à la programmation neurolinguistique en fonction de la discipline et du sexe. Aucune étude n'a été trouvée sur la relation entre la communication et la programmation neurolinguistique en termes d'intelligence multiple, de motivation ou de rapport source-réponse. Et tous ces attributs liés à l'étude ont montré une relation positive avec la communication.

De plus, l'effet de la programmation neurolinguistique sur la communication en fonction de la discipline était plus rapide dans les disciplines de la langue et de la physique, mais aucune étude n'a été trouvée pour les autres disciplines. Lorsque la zone neurolinguistique est si importante pour développer les compétences d'écoute et d'expression orale, il s'agit d'un domaine qui doit être étudié. Dans la communication, toutes les compétences linguistiques sont imbibées. Cela signifie que non seulement l'écoute mais aussi l'expression orale est l'une des compétences qui doit être développée lorsqu'on recherche son association avec l'intelligence multiple, la motivation ou le rapport source-répondant. Ainsi, cela montre une façon de choisir les modérateurs tout en prenant l'étude de la communication acoustique. Ceci nous a amené à chercher si, dans la discipline de l'art, la communication acoustique est associée à la programmation neurolinguistique. La motivation donne-t-elle lieu à l'acoustique dans la Programmation Neuro Linguistique.

Par ailleurs, dans les études précédentes, les résultats indiquent que les participants masculins ont moins d'affinité avec la communication, ce qui augmente avec l'âge. Et que l'attitude envers la communication des apprenants masculins dans l'enseignement supérieur est meilleure. Ceci a incité l'enquêteur à rechercher le même scénario dans le contexte de la Programmation Neuro Linguistique. Les membres masculins ont-ils une meilleure acoustique en programmation neurolinguistique ? De plus, dans les études précédentes, l'accent a été mis sur la relation enseignant-étudiant en termes d'amélioration de la communication. Mais dans ce domaine, aucune étude n'a pu être localisée dans le contexte de la programmation neurolinguistique. À l'ère de l'Internet, la fourniture de contenu ne signifie pas seulement la relation des apprenants avec des êtres humains, mais aussi avec des ressources logicielles et matérielles. Quelles sont donc les affinités entre les deux en référence aux besoins acoustiques à mesurer ?

Cette incohérence concernant ces aspects en termes d'acoustique exigeait une étude plus approfondie au niveau professionnel. Par conséquent, cette étude avait pour but de trouver l'effet de la programmation et de l'intervention neurolinguistique avec d'autres variables telles que la discipline, la motivation, l'intelligence multiple et le rapport du répondant source avec la communication acoustique.

CHAPITRE - III

MÉTHODOLOGIE

3.0.0. INTRODUCTION
La raison d'être de cette étude ainsi que les objectifs et la délimitation ont été donnés dans le chapitre I. Le présent chapitre concerne la description de l'échantillon, la conception, l'outil et l'acquisition des données et l'analyse des données. Les détails de chacun d'entre eux sont donnés ici sous différents titres.

3.1.0. POPULATION ET ÉCHANTILLON
La présente étude est une conception de groupe de contrôle expérimental non équivalent Pretest Posttest. L'échantillonnage aléatoire stratifié et disproportionné a été choisi pour cette étude. La population était constituée des instituts de formation des enseignants de Mathura, Uttar Pradesh. Parmi les 21 instituts de formation d'enseignants existants à Mathura, deux instituts de formation d'enseignants ont été choisis. Parmi ces deux instituts de formation d'enseignants, des enseignants stagiaires de premier cycle ont été sélectionnés au hasard. Les enseignants stagiaires d'un institut de formation ont été considérés comme le groupe expérimental et les enseignants stagiaires des autres instituts de formation ont été considérés comme le groupe de contrôle. En outre, les enseignants stagiaires de l'institut choisi souhaitant participer à la programmation neurolinguistique (PNL) ont été nommés groupe PNL et les enseignants stagiaires de l'autre institut ont été considérés comme le groupe de la méthode conventionnelle. Ces stagiaires ont été inscrits à l'UP B.Ed. JEE. Ils étaient capables d'écouter et de parler et appartenaient à une filière artistique ou scientifique. Ces participants étaient soit en licence de sciences, soit en licence d'arts. La répartition de l'échantillon par groupe est indiquée ci-dessous.

Tableau 3.1 : Répartition de l'échantillon par groupe

GROUPE	MALE	FEMELLE	TOTAL
Groupe PNL	32	12	44
Groupe de la méthode conventionnelle	11	35	46
Total	43	47	90

Comme le montre le tableau 3.1, quarante-quatre enseignants stagiaires d'un institut proposant un programme de formation d'enseignants font partie du groupe PNL. Les quarante-six autres enseignants stagiaires de l'institut appartiennent au groupe conventionnel. Au total, 90 enseignants stagiaires constituent l'échantillon de cette étude. Le groupe NLP a reçu le traitement tandis que le groupe conventionnel a poursuivi les activités habituelles de la classe. Ces 90 enseignants stagiaires des deux groupes résident dans la même localité de Mathura. Ils ont été admis dans leurs instituts respectifs après avoir qualifié le test U.P. B.Ed. JEE test. Le groupe NLP comprenait 44 enseignants stagiaires, dont 32 hommes et 12 femmes. D'autre part, le groupe de la méthode conventionnelle était composé de 46 enseignants stagiaires, dont 11 hommes et 35 femmes. Il s'agit de stagiaires réguliers du programme de premier cycle. Le moyen d'enseignement est bilingue. Les enseignants stagiaires étaient conscients des compétences d'écoute et d'expression orale et appartenaient aux filières scientifiques et artistiques.

3.2.0 CONCEPTION DE L'ÉTUDE

L'étude est conçue selon le modèle Pretest Posttest sans équivalence de groupe de contrôle expérimental. Comme nous l'avons mentionné précédemment, l'échantillon de l'étude est composé de deux instituts d'enseignement B.Ed. choisis au hasard. Dans ces instituts choisis au hasard, les enseignants diplômés souhaitant participer au programme neurolinguistique (PNL) ont été considérés comme le groupe PNL, tandis que les enseignants de l'autre institut étaient connus comme le groupe de la méthode conventionnelle. Le groupe NLP a suivi le traitement de programmation neurolinguistique, tandis que l'autre groupe a poursuivi les activités normales de l'institut. La disposition des activités liées à la programmation neurolinguistique est indiquée ci-dessous.

TABLEAU 3.2 : ACTIVITÉS LIÉES À LA NEUROLOGIE

Phase -1. Activité de tâche individuelle			
Technique PNL	Activités axées sur les compétences	Procédure	Durée
❖ Ancrage ❖ Modélisation ❖ Créativité ❖ Mémoire	*Activité 1* Compréhension et expression orale **(6)**	1. Sélection du sujet par le biais du chit Liberté d'expression Commentaires 2. Sélection du sujet à partir du CD audio Identique à celle donnée en 1 3. Sélection d'un sujet à partir de l'ordinateur Identique à celle donnée en 1	9 hr @ 7 jours
	Activité 2 Expression orale et écrite **(1)**	Sélection du sujet par le biais du chit Liberté d'expression Expression écrite libre Lecture d'une expression écrite Feed-back pour le conférencier	1 h 30 min @1 jour
	Activité 3 Ecoute et écriture **(3)**	1. Sujet présenté par le biais d'un CD audio	4 h 30 min @3 jours

		Expression écrite
		Lecture d'une expression écrite
		Comparer la réponse
		Commentaires de l'orateur
		2. Un autre sujet présenté à partir du CD audio
		    Répétition du reste des activités données en 1
		3. Un autre sujet présenté à partir du CD audio
		    Répétition du reste des activités données en 1	

Phase 2. Activité de travail en groupe			
Technique PNL	**Activité par compétence**	**Procédure**	**Durée**

❖ Recadrage
❖ Rapport
❖ Correspondant
❖ Miroir
❖ L'apprentissage perceptuel
	Activité 4
	Rédaction et expression orale **(5)**
		1. Sujet donné à l'étudiant par l'enquêteur
		    Liberté d'expression
		    Reconnaître l'expression du visage
		    Expression écrite
		    Discussion
		2. Distribution des différents thèmes
		    Répétition du reste des étapes de 1.
		3. Présentation d'un autre sujet
		    Répétition du reste des activités comme indiqué 1
		4. Présentation d'un autre sujet
		    Répétition du reste des activités comme indiqué 1
		5. Présentation d'un autre sujet
		    Répétition du reste des activités comme indiqué 1
			7 h 30 min @5 jours

	Activité 5
	Ecoute et expression orale**(4)**
		1. Sujet présenté sur CD audio / ordinateur
		    Concentrez-vous sur les points clés
		    Comparer les points clés de l'expression écrite
		    Liberté d'expression
		    Discussion
		2. Présentation d'un autre sujet par le biais d'un CD audio
		    Répétition de l'activité comme indiqué en 1
		3. Présentation du sujet par ordinateur
		    Répétition de l'activité comme indiqué en 1
		4. Présentation du sujet par ordinateur
		    Répétition de l'activité comme indiqué en 1
			6 hr @ 4 jours

Phase 3. Activité initiée par les enseignants en formation			
Technique	**Activité par compétence**	**Procédure**	**Durée**
❖ Décision	*Activité 6*	1. Sélection du sujet par le biais de chit	6 heures @ 4 jours

❖ Motivation
❖ Auto-efficacité
❖ Apprendre
❖ Mémoire
❖ Réalité
	Écoute et expression orale **(4)**	/ CD audio / ordinateur
		    Liberté d'expression
		    Commentaires
		2. Présentation d'un autre sujet par le biais de chit
		    Idem que précédemment
		3. Présentation d'un autre sujet par le biais d'un CD audio
		    Idem que précédemment
		4. Présentation d'un autre sujet par ordinateur
		    Idem que précédemment		

	Activité 7
	Rédaction et expression orale**(4)**
		1. Sélection du sujet par le biais du chit
		    Liberté d'expression
		    Expression écrite libre
		    Lecture de documents écrits
		    Commentaires de l'orateur
		2. Sélection du sujet par le biais du chit
		    Idem que précédemment
		3. Sélection du sujet par le biais du chit
		    Idem que précédemment
		4. Sélection du sujet par le biais du chit
		    Idem que précédemment
			6 heures @ 4 jours	

	Activité 8
	Lecture et expression orale **(3)**
		1. Sujet présenté par le biais d'un CD audio
		    Expression écrite
		    Lecture de l'expression de la lecture
		    Comparer la réponse
		    Commentaires de l'orateur
		2. Sujet présenté par le biais d'un CD audio
		    Idem que précédemment
		3. Sujet présenté par le biais d'un CD audio
		    Idem que précédemment
			4 h 30 min @3 jours	

Le tableau 3.2 montre clairement la disposition des activités liées au programme neurolinguistique. Les tâches individuelles sont principalement axées sur l'ancrage, la modélisation, la créativité et la mémoire en tant que techniques PNL. Ces techniques comprennent 10 activités différentes qui se concentrent sur l'écoute, l'expression orale, l'écriture et la lecture. Tout d'abord, l'écoute et l'expression orale comprenaient les étapes suivantes : sélection du sujet à l'aide d'un chit, d'un CD audio ou d'un ordinateur, discours libre, feedback, respectivement. L'expression orale et l'écriture ont été pratiquées à travers la présentation du sujet par le biais d'un chit, l'expression libre, l'expression écrite libre, la lecture du matériel écrit et le feedback. Dans la pratique de l'écoute et de l'écriture, la présentation du sujet par le biais d'un CD audio où l'expression écrite, la lecture de l'expression écrite, la comparaison des réponses et le feedback de l'orateur ont été utilisés.

La tâche suivante est axée sur le travail de groupe, avec la réalisation de 9 activités. Ces activités sont basées sur le recadrage, le rapport, l'appariement, le miroir et l'apprentissage perceptuel comme techniques PNL. Les techniques comprennent l'écoute, l'expression orale et l'écriture comme compétences. L'expression orale et écrite comprend les étapes suivantes : présentation du sujet par l'enquêteur, liberté d'expression, reconnaissance de l'expression faciale, expression écrite, discussion. L'écoute et l'expression orale comprennent les étapes suivantes : présentation du sujet par le biais d'un média (CD audio / ordinateur), concentration sur le point clé, comparaison des points clés de l'expression écrite, liberté d'expression, discussion.

La troisième tâche fait suite à l'activité initiée par les élèves, qui portait sur la prise de décision. Motivation, auto-efficacité, croyance, réalité, mémoire : les techniques de la PNL. Ces techniques comprennent 11 activités. La pratique de l'écoute et de l'expression orale a suivi la sélection d'un sujet par le biais d'un chit, d'un média (ordinateur/CD audio), d'un discours libre, d'un feedback en tant qu'étapes. La pratique des compétences d'écriture et d'expression orale a suivi la sélection du sujet par le biais du chit, de l'expression libre, de l'expression écrite libre, de la lecture de l'expression écrite et du feedback. La lecture et l'expression orale comprenaient la présentation du sujet par le biais d'un CD audio, l'expression écrite, la lecture de l'expression écrite, la comparaison des réponses et le feedback. Le processus détaillé suivi pendant le traitement (Programme neurolinguistique) est présenté dans la rubrique suivante.

3.3.0 PROCÉDURE DE RECHERCHE

L'étude est de nature expérimentale et se base sur le modèle de groupe de contrôle expérimental non équivalent Pretest Posttest. Dans cette étude, la Programmation Neuro Linguistique, le traitement est la variable indépendante et la Communication Acoustique est la variable dépendante. Comme mentionné précédemment, deux instituts de formation des enseignants du district de Mathura ont été choisis au hasard. De plus, quarante-quatre enseignants stagiaires de l'un des instituts qui étaient volontaires et intéressés ont été considérés comme le groupe expérimental (groupe PNL). Les quarante-six autres enseignants stagiaires des autres instituts ont été considérés comme le groupe de la méthode conventionnelle. Le groupe PNL a suivi le traitement tandis que le groupe de la méthode conventionnelle a poursuivi ses activités habituelles en classe. La représentation schématique de l'expérience est donnée dans le tableau 3.3.

Tableau No 3.3 : Présentation schématique de l'expérience

Activité	Groupe expérimental	Groupe de contrôle	Durée
Pré-testing de Communication acoustique	Administration de l'inventaire des communications acoustiques	Administration de l'inventaire des communications acoustiques	1 hr 10 min @ 35min pour chaque groupe un jour sur deux
Orientation	1. orientation sur le programme neurolinguistique 2. présentation des techniques de la PNL • Ancrage • Modélisation • Créativité • Mémoire • Recadrage • Rapport • Correspondant • Miroir • Apprentissage perceptuel • Décision • Motivation • Auto-efficacité • Croyance • Réalité 3. Présentation de la compétence • Écoute • S'exprimer • Lecture • Rédaction	Continué les activités normales de la classe	4 jours @ 90 min/jour (6 h)
Premier cycle de traitement	➢ Tâche individuelle ➢ Installations de 10 activités ➢ Compétences en matière d'installations - Ecoute et expression orale (6) - Rédaction et expression orale (1) - Écriture et lecture (3)	Continué les activités normales de la classe	10 jours @ 90 min/jour (15 heures)
Pré-test de réaction au programme neuro-	Administration de l'échelle de réaction de la PNL	Continué les activités normales de la classe	40 min

linguistique (PNL)			
Deuxième cycle de traitement	➢ Formation des groupes ➢ Présentation de 9 activités ➢ Pratique des compétences linguistiques à travers un certain nombre d'activités - 4 activités d'écoute et d'expression orale - 3 activités d'expression orale et écrite - 2 activités en expression écrite et orale ➢ Résumé	Continué les activités normales de la classe	9 jours @ 90 min/jour (13 hrs 30 min)
Troisième cycle de traitement	➢ Réforme des groupes ➢ Présentation de 11 activités ➢ Pratique des compétences linguistiques à travers un certain nombre d'activités - 4 activités d'écoute et d'expression orale - 4 activités d'expression écrite et orale - Activité en lecture et expression orale ➢ sous la gestion ou la supervision de l'enquêteur	Continué les activités normales de la classe	11 jours @ 90 min/jour (16 heures 30 minutes)
Post-test de la réaction à la PNL	Administration de l'échelle de réaction de la PNL	Continuez avec la classe normale	80 min @40 min pour chaque groupe
Post-test de l'Inventaire de la Communication Acoustique	Administration de l'inventaire des communications acoustiques	Administration de l'inventaire des communications acoustiques	70 minutes @ de 35 min pour chaque groupe un jour sur deux
Évaluation du renseignement	Administration de l'inventaire d'intelligence multiple	Administration de l'inventaire d'intelligence multiple	70 minutes @ de 35min pour chaque groupe un jour sur deux
Évaluation de la motivation	Administration de l'échelle de motivation situationnelle	Administration de l'échelle de motivation situationnelle	70 minutes @ de 35min pour chaque groupe un jour sur deux
Évaluation de la compatibilité entre la source et le répondant	Administration du test du rapport source-répondant	Administration du test du rapport source-répondant	100 minutes @ de 50 min pour chaque groupe un jour sur deux

Comme le montre le tableau 3.3, la présentation schématique de l'expérience a commencé par la communication pré-acoustique en administrant l'inventaire de communication acoustique au groupe PNL et au groupe conventionnel.

L'administration de l'inventaire a été faite à différents intervalles de temps. Ainsi, la durée totale de l'expérience a été de 1 h 10 min @ 35 minutes par groupe, un jour sur deux.

Après le pré-test de la communication acoustique, le groupe PNL a été orienté tandis que le groupe conventionnel a poursuivi les activités normales de la classe. Lors de l'orientation, le programme neurolinguistique a été présenté. La technique neurolinguistique a été abordée et le groupe PNL a été sensibilisé à son importance. Le jour suivant, l'orientation a porté sur la technique PNL dans laquelle les enseignants stagiaires ont été familiarisés avec différentes techniques telles que l'ancrage, la modélisation, le recadrage et le rapport. Le jour suivant, l'orientation a porté sur différentes compétences telles que la lecture, l'écoute, l'expression orale et l'écriture, en mettant l'accent sur le concept et son importance. Les participants ont été sensibilisés à la neurolinguistique par le biais de compétences réceptives et productives. Ainsi, l'orientation a pu être réalisée en 4 jours à raison de 90 minutes par jour.

Après l'achèvement de l'orientation, le premier cycle de traitement comprenait un travail individuel dans le cadre duquel 10 activités étaient proposées, dont six concernaient l'écoute et l'expression orale, une l'écriture et l'expression orale et trois l'écriture et la lecture. La procédure comprenait la sélection du sujet par le biais d'un chit, des supports (CD audio/ordinateur), la liberté de parole, l'expression écrite libre, la lecture de l'expression écrite et enfin le feedback. Pendant ce cycle, le groupe de contrôle a poursuivi ses activités normales en classe. Le premier cycle a duré 10 jours à raison de 90 minutes par jour.

Après l'achèvement du premier cycle de traitement, un pré-test de réaction au programme de la PNL a été effectué, au cours duquel le test de réaction à la PNL a été administré. Pendant ce temps, le groupe de contrôle a poursuivi les activités habituelles de la classe. Le test a été effectué pendant 40 minutes.

Le pré-test de la réaction à la PNL a été poursuivi dans le deuxième cycle de traitement où 4 groupes ont été formés. Dans ce cycle, 9 activités ont été menées. Ces activités se sont concentrées sur les compétences d'écoute, d'expression orale et d'écriture, dont 3 activités sur l'expression orale et l'écriture, 4 sur l'écoute et l'expression orale et 2 activités sur l'expression écrite et orale. Un jour sur deux, la procédure comprenait la distribution du sujet directement à l'élève par le biais d'un média (CD audio/ordinateur), suivie de la présentation d'un discours libre, de la reconnaissance de l'expression, de l'expression écrite, de la comparaison de l'expression écrite et de la discussion. Tout au long du cycle, l'enquêteur a participé à la facilitation. Ce cycle a été réalisé en 9 jours @90 min/jour (13 h 30 min). Pendant ce temps, le groupe témoin a poursuivi les activités habituelles de la classe.

Après le deuxième cycle, le troisième cycle du traitement comprenait un travail individuel et de groupe incorporant 11 activités dont 4 activités axées sur l'écoute et l'expression orale, 4 sur l'écriture et l'expression orale, 3 sur la lecture et l'expression orale. La procédure comprenait la présentation du sujet, l'observation du langage corporel, l'écoute du sujet, la présentation des points clés, la discussion et le feedback. Tout au long du cycle, l'enquêteur a joué le rôle de facilitateur. Ce cycle de traitement a été réalisé en 11 jours à raison de 90 minutes par jour (16 heures 30 minutes). Pendant ce temps, le groupe témoin a poursuivi les activités habituelles de la classe.

Après l'achèvement des trois cycles, l'évaluation du post-test de la réaction à la PNL du groupe PNL a été effectuée par l'administration de l'échelle de réaction à la PNL qui a pris 40 minutes. Pendant cet intervalle, le groupe de contrôle a poursuivi les activités régulières de la classe.

Ensuite, le post-test de la communication acoustique a été effectué en administrant l'inventaire de la communication acoustique. 35 minutes ont été allouées au groupe PNL ainsi qu'au groupe témoin. Dans les deux groupes, le test a été effectué un jour sur deux. Ainsi, 70 minutes ont été consacrées au post-test de la communication acoustique.

L'évaluation de l'intelligence multiple a été effectuée par l'administration de l'inventaire d'intelligence multiple. Les deux groupes ont passé le test séparément. Chaque groupe a pris environ 35 minutes pour effectuer le test. Ainsi, 70 minutes ont été consacrées à l'inventaire d'intelligence multiple.

Après l'évaluation de l'intelligence multiple, la motivation des deux groupes a été évaluée par l'administration de l'échelle de motivation en situation un jour sur deux. Chaque groupe a pris environ 35 minutes pour remplir l'échelle. Ainsi, 70 minutes ont été consacrées à l'échelle de motivation en situation.

Enfin, l'évaluation du rapport entre la source et le répondant a été effectuée en administrant le test du rapport entre la source et le répondant. L'évaluation a été effectuée dans les deux groupes séparément. Les deux groupes ont mis 40 minutes pour compléter le test.

De cette manière, l'expérience a été conclue en 3 phases qui ont suivi la mesure des variables. Les réponses recueillies ont ensuite été organisées, séquencées et analysées par SPSS.

3.4.0. OUTILS DE RECHERCHE
Les variables évaluées dans cette étude sont la communication acoustique, le rapport source-répondant, l'intelligence multiple, la motivation et la réaction de la PNL. Pour évaluer l'intelligence multiple et la motivation, un outil standardisé a été utilisé, tandis que pour les autres, des outils ont été préparés et standardisés. Les détails relatifs à la standardisation de l'inventaire de la communication acoustique, du rapport source-répondant, de la réaction à la PNL sont donnés dans les différentes légendes ci-dessous.

3.4.1. OUTIL DE COMMUNICATION
La communication a fait l'objet de plusieurs recherches, tant en Inde qu'à l'étranger. Les outils disponibles pour mesurer la communication sont présentés dans le tableau 3.4.

Tableau 3.4. Outils de l'auteur et des composants liés à la communication

S.N.	Auteur	Nom de l'outil / Année	Composants	Groupe d'âge	Fiabilité et validité
1.	Lauro McWilliams et S.jeanne Horst et Donna L.Sundre	Test d'aptitude à la communication orale (2014)	• Attitudes à l'égard de la communication • Les composantes affectives de la communication	Étudiants de premier cycle	R=.70 &V=.054
2.	Serkan, Hacicaferoglu	Enquête sur les compétences en communication (2014)	• Dimension respective, • Dimension de l'expression, • Dimension de la valeur, • Dimension d'empêchement, • Dimension de la motivation, • Attitude démocratique	Étudiants de l'université	R=0.77 & V=Haute Validité
3.	FathiM.Ihmeideh,	Échelle des	Compétence en	Étudiant de	R=.87 &.81

	AiemanAhmed Kholoud.A	attitudes envers la communication (2010)	communication	l'université	V= Hautement valide
4.	Dockrell.J.E, Backopoular,l.low,J.Spencer,S et Lindsay,G	Outil d'observation des salles de classe favorisant la communication (2012)	• Environnement d'apprentissage des langues • Possibilités d'apprentissage des langues, • Interactions dans l'apprentissage des langues	Élèves de l'élémentaire	R=.79 &V=.87
5.	Brain H.Spitzberg, Thomas W.Adams	Échelle d'évaluation des compétences conversationnelles (2007)	• Articulation du débit de parole, • posture et question	Étudiants des collèges	R=.75 & V=.67
6	Mac Arthur Bates	Inventaire du développement communicatif (2002)	• Vocabulaire, • Capacité d'écoute, • Aptitude à l'expression orale • Fonctionnement adaptatif	Élèves de l'élémentaire	R=.78 & V=.85
7	Karen Anderson et Joseph Smaldino	Inventaire d'écoute pour l'éducation, (1999)	• Évaluation de l'élève pour l'écoute • difficulté d'écoute, • Opinion	Enfants de l'école primaire	R = .80 & V= .89

Dans la présente étude, les variables à évaluer étaient la communication acoustique avec référence aux compétences réceptives et productives. L'échantillon d'enseignants stagiaires était âgé de 20 à 40 ans. En gardant à l'esprit les caractéristiques de la variable Communication Acoustique, il a été constaté qu'aucun test n'était disponible en ce qui concerne la communication acoustique. Par conséquent, il a été décidé de développer un outil pour mesurer la communication acoustique.

Pour mesurer la communication acoustique des enseignants stagiaires, un outil intitulé Acoustic Communication Inventory a été développé et standardisé par l'enquêteur.

3.4.1 INVENTAIRE DES COMMUNICATIONS ACOUSTIQUES

Pour mesurer la communication acoustique chez les enseignants stagiaires, des outils standardisés ont été envisagés. La théorie et les recherches liées à la communication acoustique ont été explorées. Ensuite, des items ont été développés sous deux dimensions, à savoir les compétences d'écoute et d'expression. La compétence d'écoute comprend 14 items et la compétence d'expression orale comprend 16 items.

Une brève description de chaque dimension est donnée ci-dessous :
- **Capacité d'écoute** - Cette dimension comprend des déclarations relatives aux différentes positions de l'apprenant dans la salle de classe et dans l'auditorium, à la position du locuteur près de la source et loin de la source, à la méthode utilisée pour améliorer la capacité d'écoute de l'apprenant, aux facteurs affectant l'écoute comme le bruit de fond, le bruit de réverbération, le rapport signal/bruit.

- **Aptitude à l'expression orale** - Cette dimension comprend des déclarations relatives aux différentes positions de l'apprenant dans la salle de classe et dans l'auditorium : position de l'orateur près de la source et loin de la source, méthode utilisée pour améliorer l'aptitude à l'expression orale de l'apprenant, facteurs affectant l'expression orale de l'apprenant comme le bruit de fond, le temps de réverbération, le rapport signal/bruit.

Dans ce test, les éléments suivants ont été donnés en fonction des composants.

Tableau 3.5. Répartition des articles par composante

S.N.	Composants	Distribution des articles	Articles	*Total des articles*
1.	Capacité d'écoute	1,2,3,4,5,6,7,8,9,10,11.12, 13,14	14	
2.	Aptitude à l'expression orale	15,16,17,18,19,20,21,22,23,24,25,26,27,28,29,30	16	*30*

Comme le montre le tableau 3.5. L'inventaire de la communication acoustique est divisé en deux dimensions, en tenant compte de la définition et des facteurs de la communication acoustique. Les composantes comprennent les compétences d'écoute et d'expression orale. Au total, 30 éléments sont inclus, dont 14 sont liés à la capacité d'écoute et 16 à la capacité d'expression orale.

Avant-projet
Pour construire l'inventaire de la communication acoustique, la littérature traitant de la communication et des paramètres acoustiques a été prise en compte. L'examen de la littérature, des livres et des livres électroniques, des ressources Internet et des journaux en ligne a permis de dresser la liste des

éléments à inclure dans l'inventaire, car les compétences d'écoute et d'expression orale sont les seules compétences qui incluent les paramètres acoustiques proprement dits. La première liste d'éléments liés aux paramètres acoustiques de la communication, tels que les compétences d'écoute et d'expression orale, a été dressée. Ensuite, la liste entière a été examinée et les éléments pertinents ont été sélectionnés. Les éléments sélectionnés ont été classés en fonction des dimensions mentionnées ci-dessus. Les éléments reflétant un aspect particulier de l'inventaire ont été affectés à une dimension. C'est ainsi que le premier projet a été préparé.

Initialement, l'outil comprenait 30 énoncés répartis en deux dimensions, à savoir les compétences d'écoute et d'expression orale. Ensuite, un examen minutieux a été effectué : les éléments répétés et non pertinents ont été supprimés et les éléments ayant un contenu similaire ont été fusionnés. L'avant-projet final comprenait 30 énoncés répartis en deux dimensions, à savoir la capacité d'écoute (14 items) et la capacité d'expression (16 items).

Scoring
Une échelle à cinq points a été utilisée pour la notation de l'outil. Les cinq options de l'échelle sont 5, 4, 3, 2 et 1. 5 est la note la plus élevée pour un aspect spécifique et 1 est la note la plus basse pour un aspect spécifique où les enseignants stagiaires devaient évaluer chaque affirmation.

VALIDITÉ
Trois types de validité, à savoir la validité de contenu, la validité des analyses d'items et la validité de construction, ont été pris en compte et sont décrits comme suit :

(A). VALIDITÉ DU CONTENU
Pour évaluer la validité du contenu de l'inventaire de la communication acoustique, un outil comprenant 30 éléments a été remis à des experts. Douze experts dans le domaine de l'éducation, de la physique, de l'ingénierie et de l'informatique ont été consultés pour examiner les éléments et les évaluer sur une échelle à trois points : pertinent (R), assez pertinent (SR), non pertinent (IR), qui ont été attribués à chaque élément. Les notes attribuées à tous les éléments positifs étaient respectivement de 2, 1 et 0. La procédure détaillée de normalisation est la suivante :

Il a également été demandé aux experts de fournir des suggestions concernant les compétences d'écoute et d'expression orale. L'indice de validité de contenu (CVI) a été calculé pour chaque item. La formule utilisée est mentionnée ci-dessous :

La formule utilisée était :

CVI = Experts agréés / Nombre total d'experts

Après avoir calculé le CVI, l'enquêteur a analysé le résultat. Les éléments dont le résultat se situait entre 100 % et 80 % ont été conservés tels quels, c'est-à-dire entre 79 % et 60 %, ont été modifiés et ceux dont le résultat était inférieur à 60 % ont été supprimés. En suivant cet aspect, 2 éléments ont été modifiés et 0 élément a été supprimé. Finalement, 30 items ont été conservés. Le CVI a été trouvé .81, ce qui montre une validité de contenu plus élevée.

Après l'indice de validité de contenu, le ratio de validité de contenu (CVR) a été calculé pour chaque item séparément en utilisant cette formule.

$$CVR = N - \frac{\frac{N}{2}}{N} / 2$$

Où, CVR = Content Validity Ratio (rapport de validité du contenu)
$_{NE}$ = Nombre du total des experts

Pour le calcul du CVR, une échelle à trois points a été utilisée : pertinent est considéré comme essentiel, assez pertinent est considéré comme utile et non pertinent est considéré comme non nécessaire. Ensuite, le CVR a été calculé pour chaque élément, en utilisant les scores des 30 éléments donnés par les experts. Ensuite, la moyenne de tous les CVR a été calculée, ce qui représente la validité du contenu de l'outil construit. Le CVR a été trouvé .84, ce qui montre une validité de contenu élevée.

(B) VALIDITÉ DE L'ANALYSE DES ITEMS

Pour évaluer la validité de l'analyse des items, l'outil " Acoustic Communication Inventory ", composé de 30 items répartis en deux dimensions, à savoir la capacité d'écoute (14 items) et la capacité d'expression (16 items), a été administré à 81 enseignants stagiaires du département de l'éducation du Banasthali Vidyapith. Les enseignants stagiaires ont été invités à examiner les questions et à les évaluer sur une échelle de 5 à 1. 5 représente la note la plus élevée de l'aspect spécifique et 1 la note la plus basse en ce qui concerne leur exactitude et leur pertinence. Ensuite, la validité des éléments a été calculée pour chaque élément séparément. Le résultat des items est présenté dans le tableau.

3.6. ANALYSE DES ÉLÉMENTS DE L'INVENTAIRE DE LA COMMUNICATION ACOUSTIQUE

S. N.	N° de mandat	Plus haut 27%	Plus bas 27%	Moyenne des plus hauts 27%	Moyenne des 27% inférieurs	SD du bas 27%	SD de plus 27%	Test t	Remarque
1	5	60	23	4.28	1.64	0.468807	0.744946	3.1	Accepté
2	5	70	55	5	3.92	0	0.267261	12.71	Accepté
3	5	58	35	4.14	2.5	0.363137	0.759555	3.31	Accepté
4	5	57	31	4.07	2.21	0.267261	0.892582	4.79	Accepté
5	5	59	42	4,21	3	0.425815	0	8.3	Accepté
6	5	70	48	5	3.4	0	0.937614	0.86	**Rejeté**
7	5	70	49	5	3.5	0	0.518875	8.98	Accepté
8	5	70	33	5	2.35	0	0.928783	8.17	Accepté
9	5	70	49	5	3.5	0	5.18875	8.98	Accepté
10	5	70	47	5	3.35	0	0.633324	8.03	Accepté
11	5	70	40	5	2.85	0	0.534522	12.71	Accepté
12	5	70	52	5	3.71	0	0.726273	4.49	Accepté
13	5	70	39	5	3.4	0	1.311404	1.6	**Rejeté**
14	5	70	49	5	3.5	0	0.518875	8.98	Accepté
15	5	70	41	5	2.92	0	0.267261	19.75	Accepté
16	5	70	25	5	1.78	0	0.699293	10.96	Accepté
17	5	70	43	5	3.07	0	0.474631	5.6	Accepté
18	5	70	46	5	3.2	0	0.726273	7.68	Accepté
19	5	70	46	5	3.2	0	0.82542	6.48	Accepté
20	5	70	41	5	2.92	0	0.267261	19.75	Accepté
21	5	70	41	5	2.92	0	0.474631	13.26	Accepté
22	5	70	41	5	2.92	0	0.267261	19.75	Accepté
23	5	70	41	5	2.92	0	0.267261	19.75	Accepté

24	5	70	42	5	3	0	0.392232	12.89	Accepté
25	5	70	43	5	3.07	0	0.474631	5.6	Accepté
26	5	70	43	5	3.07	0	0.267261	13.46	Accepté
27	5	70	43	5	3.07	0	0.267261	13.46	Accepté
28	5	70	21	5	1.5	0	0.518875	15.9	Accepté
29	5	70	43	5	3.07	0	0.474631	5.6	Accepté
30	5	70	53	5	0.21	0	0.801784	3.08	Accepté

Ensuite, les valeurs t calculées de 2 énoncés dont la valeur est inférieure à celle du tableau ont été supprimées. Finalement, il reste 28 items dont la valeur t montre une validité d'item élevée.

(C). VALIDITÉ CONCEPTUELLE

Afin d'évaluer la validité de construction, l'outil " Acoustic Communication Inventory ", composé de 28 éléments, dont deux dimensions, à savoir l'aptitude à l'écoute (12 éléments) et l'aptitude à l'expression orale (16 éléments), a été administré à 145 enseignants en formation dans deux collèges d'éducation de Banasthali Vidyapith et Mathura, respectivement. L'inter corrélation entre les deux dimensions de l'inventaire de la communication acoustique a été calculée comme suit :

TABLEAU 3.7. Validité de construction de l'inventaire de communication acoustique

S.N.	Domaines	Capacité d'écoute	Aptitude à l'expression orale	Scores totaux
1	Capacité d'écoute	1	0.45382	0.767697
2.	Aptitude à l'expression orale		1	0879421

Le tableau montre que les scores des deux dimensions sont significativement liés positivement. Chaque dimension est significativement corrélée avec le score total de l'Inventaire de la Communication Acoustique. Le coefficient de corrélation entre la compétence d'écoute et le score total est de .76, le coefficient de corrélation similaire avec le score total est de .87 respectivement, ce qui montre une corrélation élevée et positive. On peut donc dire que l'outil a une validité de construction élevée.

Version finale de l'inventaire des communications acoustiques

Sur la base de la validité des analyses d'items, l'Inventaire de la Communication Acoustique comprend 28 items dont 12 appartiennent à la compétence d'écoute et 16 à la compétence de parole. Les éléments de ce test sont présentés comme suit.

Tableau 3.8. Projet final pour la distribution des articles par composant

S.N.	Composants	Distribution des articles	Articles	Total des articles
1.	Capacité d'écoute	1,2,3,4,5,6,7,8,9,10,11.12	12	28
2.	Aptitude à l'expression orale	13,14,15,16,17,18,19,20,21,22,23,24,25,26,27,28	16	

Comme le montre le tableau 3.8. L'inventaire de la communication acoustique est divisé en deux dimensions, en tenant compte de la définition et des facteurs de la communication acoustique. Les composantes comprennent les compétences d'écoute et d'expression orale. Au total, 28 éléments sont inclus, dont 12 sont liés à la capacité d'écoute et 16 à la capacité d'expression orale.

Fiabilité

La fiabilité de l'Inventaire de la Communication Acoustique a été mesurée par la méthode de la moitié renversée où la formule de prophétie de Spearman - Brown a été utilisée.

Formule de prophétie de Spearman - brown= $2r/1 + r$
Où r = corrélation entre les deux moitiés.

Pour le calcul de la fiabilité, l'outil composé de 28 items a été administré à 145 enseignants stagiaires. Les scores de chaque étudiant ont été divisés en deux catégories. Le score total obtenu par chaque étudiant pour des items pairs a été classé dans un autre groupe. Le coefficient de corrélation s'est avéré être de .83. Après avoir utilisé la formule de prophétie de Spearman-brown : la fiabilité a augmenté de .90. Ceci suggère que le rapport source-répondant possède une fiabilité de niveau significatif élevé. L'échantillon de l'outil est présenté à l'annexe I.

3.4.2. RAPPORT SOURCE-RÉPONDANT

La relation élève-enseignant a fait l'objet de nombreuses recherches en Inde et à l'étranger. Les chercheurs ont développé des outils pour évaluer la relation entre la source et le répondant. Les outils disponibles dans ce domaine sont présentés dans le tableau 3.9.

Tableau 3.9. Disponibilité des outils par auteur et par composant sur la source Rapport du répondant

S.N.	Auteur	Nom de l'outil/année	Composants	Groupe d'âge	Fiabilité et validité
1.	Lourdusamy et Swe Khine	Questionnaire sur l'interaction enseignant-élève, 2001	Contrôle, soumission, opposition et coorporation	Les élèves de l'école	V=.89 R=0.85,0.74
2.	Nicole Denise Dobransky	Échelle de relation enseignant-élève, 2008	Immédiateté de l'enseignant, attention de l'enseignant, immédiateté de l'élève, recherche d'affinités, contrôle, pose de questions, compréhension de l'élève, motivation, solidarité.	Étudiants de premier cycle	V=.85 R= .79
3.	Michele , Settani	Échelle de relation enseignant-élève, 2013	Conflit, proximité, dépendance	Enfants de 3 à 9 ans	V= .85 R=.79
4.	T.wubells, M.brekelemas	Questionnaire sur l'interaction avec les enseignants, 2001	Dirigeant, amical, compréhensif, responsabilité de l'étudiant, incertain, insatisfait, réprimandant, strict.	Les élèves de l'école	V=.89 R= .76
5.	Fredson sauras dos rais da luz	Questionnaire sur les relations entre élèves et enseignants, 2015	Participation des élèves, participation des enseignants	Étudiants diplômés	R=. 504 &.816 V=0.24&0.26

Dans la présente étude, la variable à évaluer était le rapport avec la source du répondant qui, dans cette recherche, était d'humain à humain et d'humain à gadget. L'échantillon d'enseignants stagiaires était âgé de 20 à 40 ans. En gardant à l'esprit les caractéristiques de la variable, il a été constaté qu'aucun des tests n'était disponible en ce qui concerne le rapport source-répondant. Il a donc été décidé de développer un outil pour mesurer le rapport entre la source et le répondant. Pour mesurer le rapport entre la source et le répondant chez les enseignants en formation, un outil intitulé Test du rapport entre la source et le répondant a été développé et standardisé par l'enquêteur.

3.4.2 TEST DE RAPPORT ENTRE LA SOURCE ET LE RÉPONDANT

En l'absence d'un outil permettant de mesurer le rapport source-répondant chez les enseignants stagiaires, un outil intitulé Rapport source-répondant a été développé. Ce test comprend quatre dimensions, à savoir la compréhension du répondant, la motivation du répondant, la compatibilité avec le répondant source et la motivation partagée. La dimension Compréhension du répondant comprend 10 items, la Motivation du répondant 10 items, la Compatibilité du répondant source 13 items et la Motivation partagée 7 items.

Une brève description de chaque dimension est donnée ci-dessous :

Compréhension du répondant - Cette dimension comprend des déclarations relatives à l'expérience du répondant, à ses antécédents, à ses croyances pour mieux comprendre et améliorer ses capacités.

Motivation du répondant - Cette dimension facilite les déclarations d'orientation positive du répondant utilisant différents types de sources en classe pour l'excellence.

Compatibilité entre la source et le répondant - Cette dimension comprend des déclarations relatives à la relation entre la source et le répondant lors de l'exécution d'une tâche d'apprentissage sans problème ni conflit.

Motivation partagée- Cette dimension comprend des déclarations qui facilitent le pouvoir, l'importance, les opportunités d'apprentissage d'une personne à une autre.

Dans ce test, les éléments suivants ont été donnés en fonction des composants :

Tableau 3.10. Répartition par composante de la Source Répondant Rapport

S.N.	Dimensions	Distribution des articles	Total par dimension Items	Total des articles
1.	Compréhension du répondant	1,2,3,4,5,6,7,8,9,10,11,12	12	
2.	Motivation des répondants	13,14,15,16,17,18,19,20,21,22,23	11	
3.	Source Répondant Compatibilité	24,,25,26,27,28,29,30,31,32,33, 34,35,36	13	43
4.	Motivation partagée	37,38,39,40,41,42,43	07	

Comme le montre le tableau 3.10. Le test de rapport source-répondant est divisé en quatre dimensions, en tenant compte du rapport entre la source et le répondant. Les composantes comprennent la compréhension du répondant, la motivation du répondant, la compatibilité entre la source et le répondant, la motivation partagée. Au total, il y a 43 items dont 12 items liés à la compréhension du répondant, 11 items liés à la motivation du répondant, 13 items liés à la compatibilité entre la source et le répondant et 7 items liés au contrôle partagé. La durée du test est fixée à 50 minutes.

Avant-projet

Pour construire le test de rapport source-répondant, la littérature traitant de la relation enseignant-apprenant a été consultée. Pour l'examen de la littérature, divers livres et livres électroniques, des sources Internet, des journaux en ligne et en ligne et le retour d'information obtenu lors de conférences de différents spécialistes de département ont aidé à rédiger la liste des éléments à inclure dans le test. Nous avons d'abord dressé la liste des éléments liés aux causes et aux facteurs de l'interdépendance des répondants sources. Ensuite, la liste entière a été examinée et les éléments pertinents ont été sélectionnés. Ces éléments étaient conformes aux dimensions mentionnées ci-dessus. C'est ainsi que le projet primaire a été préparé.

Au départ, l'outil comprenait 43 énoncés répartis en quatre dimensions, à savoir la compréhension du répondant, la motivation du répondant, la compatibilité entre la source et le répondant et la motivation partagée. Après un examen minutieux, les éléments répétés et non pertinents ont été supprimés et les éléments similaires ont été fusionnés. L'avant-projet comprenait 43 énoncés dans lesquels la compréhension du répondant incorporait 12 items, la motivation du répondant incorporait 11 items, la compatibilité avec la source du répondant incorporait 13 items et la motivation partagée incorporait 07 items.

Scoring

Une échelle à cinq points a été utilisée pour la notation de l'outil. Les cinq options de l'échelle sont 5, 4, 3, 2 et 1. 5 correspond à la note la plus élevée d'un aspect spécifique et 1 à la note la plus basse d'un aspect spécifique, les enseignants stagiaires devant évaluer chaque affirmation.

VALIDITÉ

Deux types de validité ont été considérés, à savoir la validité d'item, la validité de contenu et la validité de construction, qui sont décrites comme suit :

(A) LA VALIDITÉ DU CONTENU

Afin d'évaluer la validité du contenu du "Test du rapport source-répondant", 43 questions ont été soumises à des experts. Dix experts dans les domaines de l'éducation, de la physique, de l'électronique et de l'ingénierie ont été consultés pour examiner les questions et les évaluer sur trois points : pertinent (R), assez pertinent (SR) et non pertinent (IR). Le score pour tous les éléments positifs était de 2, 1 et 0 respectivement. La procédure détaillée de normalisation est la suivante Les experts ont également été sollicités pour toute suggestion concernant les compétences d'écoute et d'expression orale. L'indice de validité du contenu (CVI) a été calculé pour chaque élément. La formule utilisée est mentionnée ci-dessous :

CVI = Experts agréés/Nombre total d'experts

Après avoir calculé le CVI, l'enquêteur a analysé le résultat. Les éléments dont le résultat se situait entre 100 et 80 % ont été conservés, tandis que ceux dont le résultat se situait entre 79 et 60 % ont été modifiés et ceux dont le résultat était inférieur à 60 % ont été supprimés. En suivant cet aspect, 4 items ont été modifiés et 1 item a été supprimé. Finalement, 42 items ont été conservés. Le CVI a été trouvé .82, ce qui montre une validité de contenu plus élevée.

Après l'indice de validité de contenu, le ratio de validité de contenu (CVR) a été calculé pour chaque item séparément en utilisant cette formule.

$$CVR = NE - \frac{N}{2}/N/2$$

Où, CVR = Content Validity Ratio (rapport de validité du contenu)

N_E = Nombre du total des experts

Pour calculer le CVR, on a utilisé une échelle à trois points où la pertinence était considérée comme essentielle, ni la pertinence ni la non-pertinence étaient considérées comme utiles et la non-pertinence était considérée comme non nécessaire, puis le CVR a été calculé pour chaque élément. Les scores des 42 éléments donnés par les experts ont été utilisés. Ensuite, la moyenne de tous les CVR a été calculée, ce qui représente la validité de contenu de l'outil construit. Le CVR a été trouvé .84, ce qui montre une validité de contenu élevée.

(B) VALIDITÉ DE L'ANALYSE DES ITEMS

Pour évaluer la validité des analyses d'éléments, l'outil "Source Respondent Rapport Test" comporte 42 éléments, dont quatre dimensions, à savoir la compréhension du répondant, la motivation du répondant, la compatibilité entre la source et le répondant et le contrôle partagé, comprennent 11, 11, 13 et 07 éléments. Cet outil a été administré à 84 enseignants stagiaires de Banasthali Vidyapith. Il leur a été demandé d'examiner les items et de les noter comme pertinents, ni pertinents, ni non pertinents et non pertinents en ce qui concerne leur exactitude et leur pertinence. Ensuite, la validité de l'item a été calculée pour chaque item séparément. Le résultat des items est présenté dans le tableau ci-dessous.

3.11. Analyse des items du test du rapport source-répondant

S. N.	Le numéro le plus élevé.	Plus haut 27%	Plus bas 27%	Moyenne des 27% inférieurs	Moyenne des 27% inférieurs	SD de plus 27%	SD du bas 27%	Valeur du test T	Remarque
1	2	30	16	2	1.86	0	0.45773771	4.41	Accepté
2	2	30	16	2	1.86	0	0.593617	2.21	Accepté
3	2	30	8	2	0.53	0	0.743223	3.68	Accepté
4	2	30	13	2	0.86	0	0.351866	3.32	Accepté
5	2	30	4	2	0.26	0	0.703732	5.33	Accepté
6	2	30	20	2	1.33	0	0.48795	0.000114	**Rejeté**
7	2	30	10	2	1.26	0	0.816497	3.12	Accepté
8	2	30	8	2	0.53	0	0.915475	2.7	Accepté
9	2	30	8	2	0.53	0	0.743223	3.68	Accepté
10	2	30	10	2	1.86	0	0.816497	3.12	Accepté
11	2	30	13	2	0.86	0	0.915475	0.000285	**Rejeté**
12	2	30	17	2	0.73	0	0.516398	3.6	Accepté
13	2	30	16	2	1.86	0	0.258199	7.74	Accepté
14	2	30	14	2	0.93	0	0.258199	7.84	Accepté
15	2	30	14	2	0.93	0	0.457738	3.72	Accepté
16	2	30	12	2	0.8	0	0.414039	5.81	Accepté
17	2	30	10	2	0.66	0	0.48795	3.39	Accepté
18	2	30	17	2	1.13	0	0.351866	5.4	Accepté
19	2	30	13	2	0.86	0	0.351866	5.72	Accepté

20	2	30	14	2	0.93	0	0.457738	3.72	Accepté
21	2	30	16	2	1.86	0	0.258199	7.74	Accepté
22	2	30	16	2	1.86	0	0.457738	4.41	Accepté
23	2	30	11	2	0.73	0	0.457738	4.07	Accepté
24	2	30	14	2	0.93	0	0.258199	7.84	Accepté
25	2	30	14	2	0.93	0	0.258199	7.84	Accepté
26	2	30	14	2	0.93	0	0.457738	3.72	Accepté
27	2	30	12	2	0.8	0	0.414039	5.81	Accepté
28	2	30	16	2	1.86	0	0.258199	7.74	Accepté
29	2	30	16	2	1.86	0	0.258199	7.74	Accepté
30	2	30	16	2	1.86	0	0.457738	4.41	Accepté
31	2	30	16	2	1.86	0	0.593617	2.21	Accepté
32	2	30	13	2	0.86	0	0.351866	3.32	Accepté
33	2	30	16	2	1.86	0	0.457738	4.41	Accepté
34	2	30	12	2	0.8	0	0.414039	5.81	Accepté
35	2	30	17	2	1.13	0	0.351866	5.33	Accepté
36	2	30	19	2	1.26	0	0.457738	2.7	Accepté
37	2	30	16	2	1.86	0	0.258199	7.74	Accepté
38	2	30	17	2	1.13	0	0.516398	3.6	Accepté
39	2	30	7	2	0.46	0	0.63994	4.66	Accepté
40	2	30	17	2	1.13	0	0.516398	3.6	Accepté
41	2	30	16	2	1.86	0	0.593617	2.21	Accepté
42	2	30	19	2	1.07	0	0.457738	2.7	Accepté

Après cela, 2 énoncés ont trouvé que la valeur t calculée était inférieure à la valeur de la table. Ces 2 items ont donc été supprimés. Finalement, 40 items ont été trouvés dont la valeur t montre une validité d'item élevée.

(C) LA VALIDITÉ DE CONSTRUCTION

Pour évaluer la validité conceptuelle, l'outil " Source Respondent Rapport Test " comporte 40 éléments, dont la compréhension du répondant, la motivation du répondant, la compatibilité source-répondant et le contrôle partagé, soit 10, 10, 13 et 07 éléments respectivement. Cet outil a été administré à 130 enseignants stagiaires de deux collèges différents de l'école d'éducation, Banasthali

Vidyapith et Mathura. L'intercorrélation entre les quatre dimensions de l'Inventaire de la Communication Acoustique a été calculée comme suit :

TABLEAU 3.12. Validité de construction du test de rapport source-répondant

S. N.	Domaines	Compréhension du répondant	Motivation des répondants	Source Répondant Compatibilité	Motivation partagée	Score total
1.	Compréhension du répondant	1	0.259154	0.207368	0.213502	0.688904
2.	Motivation des répondants		1	0.460105	0.214568	0.733309
3.	Source Répondant Compatibilité			1	0.459404	0.82592
4.	Motivation partagée				1	0.67991

Le tableau montre que les scores de deux dimensions sont significativement liés positivement. Chaque dimension est significativement corrélée avec le score total du test de rapport entre la source et le répondant. Le coefficient de corrélation entre la compréhension du répondant et le score total est de .58, de même que le coefficient de corrélation entre la motivation du répondant et le score total est de .73, la compatibilité du répondant source et le score total est de 0.82 et le coefficient de corrélation entre la motivation partagée et le score total est de .57 respectivement, ce qui montre une corrélation élevée et positive. On peut donc dire que l'outil a une validité de construction élevée.

Projet final pour le rapport source-répondant

Sur la base de la validité des analyses d'items, le "Test du rapport source-répondant" comprend 40 items, dont 10 items sur la compréhension du répondant, 10 items sur la motivation du répondant, 13 items sur la compatibilité source-répondant et 07 items sur la motivation partagée.

Dans ce test, les éléments suivants ont été donnés par composant :

Tableau 3.13. Répartition par composante de la Source Répondant Rapport

S. N.	Dimensions	Distribution des articles	Dimensionnel Total des	Total des articles

			items	
1.	Compréhension du répondant	1,2,3,4,5,6,7,8,9,10	10	
2.	Motivation des répondants	11,12,13,14,15,16,17,18,19,20	10	
3.	Source Répondant Compatibilité	21,22,23,24,,25,26,27,28,29,30,31,32,33	13	*40*
4.	Motivation partagée	34,35,36,37,38,39,40,41,42,43	07	

Comme le montre le tableau 3.13. Le test de rapport source-répondant est divisé en quatre dimensions, en tenant compte du rapport entre la source et le répondant. Les composantes comprennent la compréhension du répondant, la motivation du répondant, la compatibilité entre la source et le répondant et la motivation partagée. Au total, il y a 40 questions, dont 10 sont liées à la compréhension du répondant, 10 à la motivation du répondant, 13 à la compatibilité entre la source et le répondant et 7 au contrôle partagé. La durée du test est fixée à 50 minutes.

Fiabilité

La fiabilité de l'inventaire de la communication acoustique a été mesurée par la méthode Spilit half où la formule de prophétie spearman - brown a été utilisée.

Formule de prophétie de Spearman - brown = 2r / 1+r

Où r = corrélation entre les deux moitiés.

Pour le calcul de la fiabilité, l'outil a été administré à 130 enseignants stagiaires. Les scores de chaque étudiant ont été divisés en deux catégories. Le score total obtenu par chaque étudiant pour des items pairs a été classé dans un autre groupe. De même, une corrélation a été trouvée. Le coefficient de corrélation était de . 78. Après avoir utilisé la formule de prophétie de Spearman-brown, la fiabilité est passée à .85. Ceci suggère que la fiabilité de la communication acoustique est d'un niveau significatif élevé. L'échantillon de l'outil est présenté à l'annexe II.

3.4.3. L'ECHELLE DE REECTION NLP

Pour mesurer la réaction des enseignants en formation à la programmation neurolinguistique, un outil intitulé NLP Reaction Scale a été développé et validé. Cette échelle de réaction est composée de 30 items en référence à la réaction envers le programme neurolinguistique.

Construction de l'article

L'échelle de réaction comprend un total de 30 items incluant des aspects : Stratégies PNA prises en compte, Stratégies PNA inclusives, Utilisation des ressources.

Avant-projet

Pour construire l'échelle de réaction PNL, la littérature traitant de la neurolinguistique a été consultée. L'enquêteur a passé en revue divers livres et e-books, des sources Internet, des journaux en ligne et hors ligne et les commentaires obtenus lors de conférences à l'Université de Banasthali pour établir la liste des éléments. Ensuite, la liste entière a été examinée et les éléments pertinents ont été sélectionnés. Les éléments sélectionnés ont été catégorisés et organisés sous les différents aspects. Il s'agissait de l'avant-projet. Initialement, l'outil comprenait 36 déclarations organisées selon les dimensions mentionnées ci-dessus. Pour la normalisation de l'outil, les détails du développement et de la validation sont donnés ci-dessous. Les dimensions couvertes par l'outil sont les suivantes : stratégies PNA prises en compte, stratégies PNA inclusives, utilisation des ressources. Après examen, les éléments répétés et non pertinents ont été supprimés et les éléments ayant un contexte similaire ont été fusionnés. Ainsi, le projet final comprend 30 énoncés.

Scoring

Une échelle à cinq points a été utilisée pour la notation de l'outil. Les cinq options de l'échelle sont 5, 4, 3, 2 et 1. 5 correspond à la note la plus élevée d'un aspect spécifique et 1 à la note la plus basse d'un aspect spécifique, les enseignants stagiaires devant évaluer chaque affirmation.

VALIDITÉ

On considère deux types de validité : la validité de contenu et la validité de construction, qui sont présentées ci-dessous :

(A) LA VALIDITÉ DU CONTENU

Pour évaluer la validité de contenu de la réaction envers la PNL, 30 items ont été donnés à des experts. Douze experts du domaine de l'éducation, de l'anglais, de la physique et du département d'ingénierie ont été consultés et priés d'examiner les items et de les évaluer sur une échelle à trois points : pertinents, ni pertinents ni non pertinents et non pertinents en ce qui concerne le contenu, la pertinence du contenu et la précision de la langue. Il a également été demandé aux experts de faire des suggestions concernant les stratégies PNL prises en compte, les stratégies PNL inclusives, l'utilisation des ressources et les modifications des feuilles d'items ; le chercheur a consulté le superviseur.

Ensuite, l'indice de validité de contenu (CVI) pour chaque item a été calculé à l'aide de la formule utilisée comme indiqué ci-dessous :

La formule utilisée était :

CVI = Experts agréés/Nombre total d'experts

Après avoir calculé le CVI, l'enquêteur a analysé le résultat. Les items dont le score est compris entre 100% et 80% ont été retenus mais les items compris entre 79% et 60% ont été modifiés, les items inférieurs à 60% ont été omis. Ainsi, 4 items ont été modifiés et 0 est rejeté. L'outil final comprend donc 30 items. Le CVI a été trouvé .82, ce qui montre une validité de contenu plus élevée.

(B) Validité de la **construction**

Pour le calcul du CVR, la rubrique " Réaction envers le PNL " comprend 30 éléments dans lesquels sont présentées les stratégies PNL prises en compte, les stratégies PNL inclusives et l'utilisation des ressources. Une échelle à trois points a été convertie ; où, pertinent était considéré comme essentiel, ni pertinent ni non pertinent était étiqueté comme utile et non pertinent était considéré comme non nécessaire. Ensuite, le CVR a été calculé pour chaque élément. Le ratio de validité de contenu (CVR) a été calculé pour chaque item séparément en utilisant cette formule.

CVR= N_E -N/2 / N/2

Où, CVR = Content Validity Ratio (rapport de validité du contenu)

N_E = Nombre du total des experts

Les scores pour 30 items donnés par les experts ont été utilisés. Ensuite, la moyenne de tous les CVR a été calculée, ce qui représente la validité de contenu de l'outil construit. Le CVR a été trouvé +.76, ce qui montre une validité de contenu plus élevée. L'échantillon de l'outil est présenté à l'annexe III.

3.4.4. INTELLIGENCE

Pour mesurer l'échelle d'intelligence chez les enseignants stagiaires, des outils déjà construits ont été envisagés. Certains des outils déjà construits pour l'intelligence sont les suivants.

3.14. Outils sur l'intelligence

S. N.	Auteur	Nom de l'outil /Année	Composants	Âge	Fiabilité et validité
1.	R.P. Srivastava et kiran saxena	Test d'aptitude mentale générale pour les enfants (1997)	Analogie, classification, séries de nombres, problèmes de raisonnement et absurdités	7-11 ans	V=.83 R=.79
2.	S. K.Pal et K.S.Mishra	Test d'intelligence générale pour les étudiants des collèges (1991)	Le sens des mots, l'analogie, la classification, les séries de nombres, la transformation des codes et le syllogisme.	Étudiants des collèges	V=.86 à .91 R=.83
3.	G. C.Ahuja	Test collectif d'intelligence (1976)	Classification, analogies, arithmétique, raisonnement, vocabulaire, compréhension, séries de compréhension et meilleures réponses.	13-17 ans	V=.82 R=.77
4.	Pramila Ahuja	Test collectif d'intelligence (1975)	Mots brouillés, analogies, classification, phrases désordonnées, même contraire, séries et meilleures réponses.	9-13 ans	V=.91 R=.87
5.	R.K. Ojha et Ray Chaudhary	Test d'intelligence verbale (1976)	Classification, test d'achèvement, paragraphe, meilleure raison et raisons simples.	13-20 ans	V=.84 R=haut
6.	N.K. Chadha et Usha Ganesan	Échelle d'intelligence sociale (1973)	Patience, esprit de coopération confiance, sensibilité, reconnaissance de l'environnement social, tact, sens de l'humour, mémoire.	Étudiants des collèges	R=.84 à .97 V=.70
7.	Rajani Shrikuruwal	Inventaire d'intelligence multiple (2011)	Intelligence verbale/linguistique, Intelligence logique / mathématique, Intelligence visuelle /	Étudiants des collèges	V= .89 & R =.78

			spatiale. Corporel/ Kinesthésique & Intelligence, Intelligence musicale/rythmique, L'intelligence interpersonnelle, L'intelligence intrapersonnelle, L'intelligence naturaliste		

Le tableau montre que 7 outils sont liés à l'intelligence. Mais un outil intitulé Intelligence multiple développé par Rajani Shrikuruwal comprenait l'intelligence verbale/linguistique, l'intelligence logique/mathématique, l'intelligence visuelle/spatiale, l'intelligence corporelle/kinesthésique, l'intelligence musicale/rythmique, l'intelligence interpersonnelle, l'intelligence intrapersonnelle, l'intelligence naturaliste, car les composantes étaient contextuelles au domaine d'étude de l'outil. L'outil était destiné aux étudiants des collèges et a été développé en 2011.

3.4.5.1. INVENTAIRE DES RENSEIGNEMENTS MULTIPLES

L'intelligence multiple comprend l'intelligence verbale/linguistique, logique/mathématique, visuelle/spatiale, corporelle/kinesthésique, musicale, interpersonnelle, intrapersonnelle et naturaliste (Gardner). L'intelligence verbale/linguistique est la capacité de saisir, d'utiliser, d'arranger et d'exploiter abondamment les mots écrits ou parlés. L'intelligence logico-mathématique comprend la forte aptitude à gérer et à comprendre les chiffres et la capacité à donner parfaitement la cause immédiate. L'intelligence visuelle/spatiale est la capacité de voir une image ou une situation et d'évaluer les domaines de la situation récente qui changent la transformation ou l'amélioration de l'apparence. L'intelligence corporelle/kinesthésique est la capacité d'utiliser l'expression du corps entier pour les idées et les sentiments et l'utilisation de la compétence pour créer ou transformer des choses. L'intelligence musicale est la capacité d'apprécier, de comparer, de composer et de jouer dans différentes formes musicales. L'intelligence interpersonnelle est la capacité d'un individu à suivre les sautes d'humeur, les objectifs, les motivations et les émotions d'une autre personne. L'intelligence intrapersonnelle est l'aptitude à avoir une image positive de soi et à donner une bonne direction à sa vie, ce qui est intrinsèquement fondé. Ce pouvoir aide à se connaître et à agir pour se modifier en fonction de cette connaissance. L'intelligence naturaliste est la capacité d'appréciation, de catégorisation, de classification, d'explication et de connexion avec les choses présentes dans la nature. La distribution par dimension des items de l'outil est présentée dans le tableau 3.15.

Tableau 3.15. Distribution des items par dimension de l'échelle d'intelligence

S. Non	Dimension	Numéro de série des éléments de l'échelle	Nombre d'articles	Total
A	Intelligence verbale/linguistique	1,2,3,4,5,6	6	
B	Intelligence logique / mathématique	7,8,9,10,11,12	6	
C	Intelligence visuelle / spatiale	13,14,15,16,17,18	6	
D	Intelligence corporelle/kinesthésique	19,20,21,22,23,24	6	48
E	Intelligence musicale/rythmique	25,26,27,28,29,30	6	
F	L'intelligence interpersonnelle	31,32,33,34,35,36	6	
G	Intelligence intrapersonnelle	37,38,39,40,41,42	6	
H	L'intelligence naturaliste	43,44,45,46,47,48	6	

Scoring

L'outil comprenait 8 dimensions. Chaque dimension comprenait 6 items à cocher (×) pour les affirmations avec lesquelles ils sont le plus d'accord.

Validité

L'outil a été administré sur un large échantillon de 874 étudiants de collège et validé sur celui-ci. Les experts ont été consultés pour la clarté des items et leur adéquation au construit. L'adéquation statique de l'agrégation au sein du groupe a été utilisée. La validité de contenu est de .87 et la validité de construction est de .82.

Fiabilité

Les coefficients de fiabilité alpha de l'intelligence verbale/linguistique, de l'intelligence logique/mathématique, de l'intelligence visuelle/spatiale, de l'intelligence corporelle/kinesthésique, de l'intelligence musicale/rythmique, de l'intelligence interpersonnelle, de l'intelligence intrapersonnelle et de l'intelligence naturaliste sont respectivement de 0,78, 0,89, 0,69, 0,86, 0,76 et 0,92. L'échantillon de l'outil est donné en annexe IV.

3.4.5. ÉCHELLE DE MOTIVATION

Pour mesurer la motivation des enseignants en formation, des outils standardisés ont été étudiés. Certains des outils construits précédemment pour mesurer la motivation sont présentés ci-dessous.

TABLEAU 3.16 Motivation : Nom, Année, Auteur, Composants, Groupe d'âge

S. N.	Auteur	Nom de l'outil /Année	Composants	Groupe d'âge	Fiabilité et validité
1.	Asha Bhatnagar	Inventaire de la participation aux études (1982)	Poursuites scolaires, motivation scolaire intrinsèque, abaissement, réussite, affiliation, agression, autonomie, déférence, nurturance, reconnaissance de l'ordre et soutien.	Secondaire supérieur Étudiants	R=.68 à .97 V= Haute validité du contenu
2.	N.K.M. Tripathi et L.B. Tripathi	Échelle du motif d'approbation (1994)	Comportement normatif, confirmation sociale, autoconservation positive, défensive, dépendance, réactivité sociale et approbation sociale.	Étudiants universitaires et collégiaux	R=. 504 &.816 V=0.24&0.26
3.	Marie j. guilloteaux, Zoltan dorney	Échelle de motivation des enseignants (1998)	Chat social, signalisation, intégration des valeurs, valeurs instrumentales.	30 ans et plus	Non trouvé
4.	Julian beatriz Stover & gradalupe de la Iglesia	Échelle de motivation académique (2012)	Motivation intrinsèque à l'égard des expériences stimulantes, motivation intrinsèque à l'égard de la réussite, connaissance, motivation extrinsèque identifiée et introjectée, amotivation.	Étudiants de l'école secondaire	V= .87& R=.60 et .81
5.	Guay, Vallerand et Blanchard	Échelle de motivation en situation (2000)	Motivation intrinsèque, régulation identifiée, régulation externe, amotivation.	Étudiants des collèges	V=.76 à .91

Le tableau montre que 5 outils sont liés à la motivation. Mais un outil intitulé l'échelle de motivation en situation développée par Guay, Vallerand et Blanchard (2000) était lié à la motivation intrinsèque et extrinsèque préparée pour les étudiants des collèges. Comme les composantes étaient contextuelles, l'outil et sa validité ont été jugés élevés. Cet outil a été choisi pour l'étude.

3.4.4.1. ÉCHELLE DE MOTIVATION SITUATIONNELLE

La motivation de situation se réfère ici à la motivation à laquelle l'individu est confronté lorsqu'il s'engage dans une activité (Vallerand, 2000). La *motivation intrinsèque* fait référence à la volonté ou au désir de l'individu de s'accomplir dans son activité. La *régulation externe* se produit lorsque l'expérience négative est évitée en donnant une récompense et que son effet se manifeste dans le comportement. Ainsi, les récompenses complètent l'objectif du comportement et l'expérience individuelle est un contrat pour réaliser un mode d'action défini. En revanche, la *régulation identifiée* se produit lorsqu'une personne exécute son comportement et est valorisée par une motivation extrinsèque. La raison en est que l'activité n'est pas exécutée pour elle-même mais utilisée comme un moyen d'atteindre une fin. L'amotivation est la pleine utilisation du comportement humain. L'amotivation se produit lorsque les individus trouvent une condition probable limitée entre leurs comportements et les résultats et que leurs comportements motivés ne sont ni intrinsèques ni extrinsèques. La distribution par dimension des éléments de l'outil est donnée dans le tableau 3.17.

Tableau 3.17. Distribution des items par dimension de l'échelle de motivation

S. Non	Dimension	Numéro de série des éléments de l'échelle	Nombre total d'articles
A	La motivation intrinsèque	1,5,9,13	4
B	Réglementation identifiée	2,6,10,14	4
C	Régulation externe	3,7,11,15	4
D	Amotivation	4,8,12,16	4

Scoring

Toutes les questions sont rédigées sur une échelle de Likert en 7 points : 1 correspond à "pas du tout", 2 correspond à "très peu", 3 correspond à "un peu", 4 correspond à "modérément", 5 correspond à "assez", 6 correspond à "beaucoup" et 7 correspond à "exactement", où les répondants doivent cocher leurs réponses. Le temps imparti est de 30 minutes.

VALIDITÉ

L'outil a été administré à un large échantillon de 195 étudiants, dont 44% étaient des hommes et 56% des femmes. Les quatorze experts ont été consultés pour la clarté des items et leur adéquation au concept. L'adéquation statique de l'agrégation au sein du groupe a été utilisée. La validité varie de .76 à .91

Fiabilité

En ce qui concerne la fiabilité de la cohérence interne, les corrélations entre les items sont supérieures à .47 pour chaque sous-échelle. Les fiabilités alpha de la motivation intrinsèque, de la régulation identifiée, de la régulation externe et de l'amotivation **sont** respectivement **de** .85, .76, .83 et .91. L'échantillon de l'outil est donné en annexe V.

3.5.0 TECHNIQUE D'ANALYSE DES DONNÉES

L'analyse des données par objectif a été réalisée comme suit.

1. Pour comparer les scores moyens ajustés de la communication post-acoustique du groupe PNL avec le groupe méthode conventionnelle en considérant la communication pré-acoustique comme covariable, une ANCOVA à sens unique est utilisée.

2. Pour étudier l'efficacité du traitement, du sexe et de leur interaction sur la communication acoustique des enseignants en formation en considérant la communication pré-acoustique comme covariable, une ANCOVA à deux voies est utilisée.

3. Pour étudier l'efficacité du traitement, de la discipline et de leur interaction sur la communication acoustique des enseignants en formation en considérant la communication acoustique préalable comme covariable, une ANCOVA à deux voies est utilisée.

4. Pour étudier l'efficacité du traitement, de l'intelligence et de leur interaction sur la communication acoustique des enseignants stagiaires en considérant la communication pré-acoustique comme covariable, une ANCOVA à deux voies est utilisée.

5. Pour étudier l'efficacité du traitement, de la motivation et de leur interaction sur la communication acoustique des enseignants en formation en considérant la communication pré-acoustique comme covariable, une ANCOVA à deux voies est utilisée.

6. Pour étudier l'efficacité du traitement, du rapport source-répondant et de leur interaction sur la communication acoustique des enseignants stagiaires en considérant la communication pré-acoustique comme covariable, une ANCOVA à deux voies est utilisée.

7. Le test t corrélé est utilisé pour étudier le changement de réaction après la première phase du traitement et la conclusion du traitement envers la Programmation Neuro Linguistique des enseignants stagiaires traités par PNL.

CHAPITRE - IV

RÉSULTAT ET INTERPRÉTATION

4.0.0. INTRODUCTION

Le chapitre précédent explique les détails de la méthodologie utilisée dans cette étude. Dans le présent chapitre, la technique statistique choisie pour analyser les données obtenues a été présentée avec les résultats et l'interprétation. Ceci a été fait par objectif sous les rubriques suivantes.

4.1.0. COMPARAISON DE LA MOYENNE DE LA COMMUNICATION ACOUSTIQUE DU GROUPE PNL AVEC LE GROUPE DE CONTRÔLE LORSQUE LA COMMUNICATION PRÉ-ACOUSTIQUE EST PRISE COMME COVARIABLE.

Le premier objectif est de comparer la moyenne de la communication acoustique du groupe PNL avec le groupe de contrôle en prenant la communication acoustique préalable comme covariable. La communication acoustique des deux groupes a été mesurée par l'administration de *l'Inventaire de la Communication Acoustique*. Les données obtenues ont été analysées à l'aide d'une ANCOVA à sens unique. Le résultat est présenté dans le tableau 4.1.

Tableau 4.1. Résumé de l'ANCOVA pour la communication acoustique du groupe PNL et du groupe conventionnel

N=90

Source de la variation	df	SS	MSS	F
Traitement	1	31545.777	31545.777	218.463**
Erreur	87	12562.691	144.399	
Total	90	985023.000		

**Significatif au niveau de 0,01

Le tableau 4.1 montre que la valeur F- pour le groupe NLP est de 218,463, ce qui est significatif au niveau 0,01 avec un degré de liberté de 1/90. Cela indique que le score moyen de communication acoustique du groupe NLP diffère significativement de celui du groupe témoin lorsque la communication pré-acoustique est prise comme covariable. A la lumière de ces résultats, l'hypothèse nulle selon laquelle " le score moyen de la communication acoustique du groupe NLP n'est pas significativement différent de celui du groupe de contrôle lorsque la communication pré-acoustique est prise comme covariable " est rejetée. De plus, le résultat moyen de la communication acoustique du groupe NLP s'est avéré être de 128,4091, ce qui est remarquablement plus élevé que le groupe témoin dont le score moyen est de 72,9358. On peut donc dire que la communication acoustique est significativement supérieure au groupe de la méthode conventionnelle lorsque les scores de communication pré-acoustique sont considérés comme co-variables. Par conséquent, on peut dire que la PNL a contribué à faciliter la communication acoustique chez les enseignants stagiaires du groupe PNL.

4.2.0 EFFET DU TRAITEMENT, DU SEXE ET DE LEUR INTERACTION SUR LA COMMUNICATION ACOUSTIQUE EN PRENANT LA COMMUNICATION PRÉ-ACOUSTIQUE COMME COVARIABLE

Le second objectif est d'étudier l'effet du traitement, du sexe et de leur interaction sur la communication acoustique en prenant la communication pré-acoustique comme covariable. Les deux traitements étaient le programme neurolinguistique et la méthode conventionnelle. Sur la base du sexe, les sujets ont été divisés en hommes et femmes. Les données ont donc été analysées à l'aide d'un plan factoriel 2×2 ANCOVA. Les résultats sont présentés dans le tableau 4.2.

Tableau 4.2 Résumé de l'ANCOVA du plan factoriel 2×2 pour la communication acoustique en fonction du sexe.

N=90

Source de la variation	df	$SS_{x.y}$	$MSS_{x.y}$	$F_{x.y}$
Traitement(a)	1	31395.831	31395.831	288.091**
Sexe(b)	1	998.157	998.157	9.159**
a×b	1	2378.215	2378.215	21.823**
Erreur	85	9263.203	108.979	
Total	90	985023.000		

** significatif au niveau de 0,01

Le résultat par rubrique et son interprétation sont donnés séparément comme suit.

4.2.1 Effet du traitement sur la communication acoustique

En prenant la communication pré-acoustique comme covariable.

Le tableau 4.2 montre que la valeur F de la communication acoustique pour le traitement est de 288,091, ce qui est significatif au niveau .01 avec df=1/90 lorsque la communication acoustique préalable est prise comme covariable. Cela indique que le score moyen ajusté de la Communication Acoustique des enseignants stagiaires traités dans le cadre du Programme Neuro Linguistique est significativement supérieur à celui de leur homologue, le groupe de la méthode conventionnelle, lorsque la Communication Acoustique préalable est prise comme covariable. A la lumière de ces résultats, l'hypothèse nulle selon laquelle il n'y a pas d'effet significatif du traitement sur la communication acoustique lorsque la communication pré-acoustique est prise comme covariable est rejetée. De plus, le score moyen de communication acoustique du groupe PNL est de 128.4091, ce qui est significativement plus élevé que celui du groupe conventionnel dont le score moyen de communication acoustique est de 72.9348. On peut donc dire que la programmation neurolinguistique est supérieure à la méthode conventionnelle lorsque la communication pré-acoustique est prise comme covariable.

4.2.2. Effet du sexe sur la communication acoustique en prenant la communication pré-acoustique comme covariable

La valeur F de la communication acoustique pour le sexe est de 9,159 (voir tableau 4.2), ce qui est significatif au niveau .01. Avec df =1/90. Cela montre que le score moyen de la communication acoustique des stagiaires hommes et femmes diffère significativement. A la lumière de ces résultats, l'hypothèse nulle selon laquelle il n'y a pas d'effet significatif du sexe sur la communication acoustique des enseignants en formation lorsque la communication pré-acoustique est considérée comme une covariable, est rejetée. Cela signifie que la programmation neurolinguistique est efficace sur la communication acoustique lorsque la communication pré-acoustique est considérée comme une covariable.

4.2.3 Effet de l'interaction entre le traitement et le sexe sur la communication acoustique en prenant la communication pré-acoustique comme covariable

La valeur F- de la communication acoustique pour l'interaction entre le traitement et le sexe est de 21,823 (voir tableau 4.2), ce qui est significatif au niveau 0,1 avec df=1/90. Cela indique qu'il existe un effet significatif de la résultante de l'interaction entre le traitement et le sexe sur la communication acoustique des enseignants stagiaires lorsque la communication pré-acoustique est prise comme covariable. À la lumière de ce qui précède, l'hypothèse nulle selon laquelle " il n'y a pas d'effet significatif de l'interaction entre le traitement et le sexe sur la communication acoustique des enseignants stagiaires lorsque la communication pré-acoustique est prise comme covariable " est rejetée. On peut donc conclure que la communication acoustique dépend de l'interaction entre le traitement et le sexe lorsque la communication pré-acoustique est considérée comme une covariable. Cette conclusion est illustrée par le graphique 4.1.

Graphique 4.1 : Effet de l'interaction entre le traitement et le sexe sur la communication acoustique

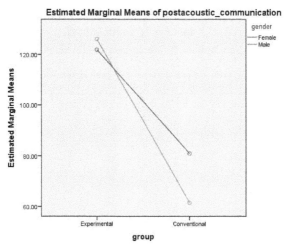

Le graphique 4.1 montre que les enseignants stagiaires, hommes et femmes, traités par le programme neurolinguistique (PNL) possèdent la communication acoustique dans la même mesure. D'autre part, les enseignants stagiaires du groupe de la méthode conventionnelle possèdent un degré différent de communication acoustique. Néanmoins, les enseignants stagiaires masculins du groupe PNL présentaient une meilleure communication acoustique que les enseignantes stagiaires de ce groupe. Par conséquent, on peut dire que le traitement réduit l'effet différentiel des sexes sur la communication acoustique par rapport aux personnes traitées par la méthode conventionnelle.

4.3.0 EFFET DU TRAITEMENT, DISCIPLINE DU SUJET
   DISCIPLINE ET LEUR INTERACTION SUR
   LA COMMUNICATION ACOUSTIQUE EN PRENANT
   COMMUNICATION   PRÉ-ACOUSTIQUE   COMME COVARIABLE

Le troisième objectif est d'étudier l'effet du traitement, de la discipline et de leur interaction sur la communication acoustique en prenant la communication pré-acoustique comme covariable. Il y a deux niveaux de traitement, à savoir le programme neurolinguistique et la méthode conventionnelle. En ce qui concerne les disciplines, les sujets sont divisés en deux niveaux, à savoir les disciplines scientifiques et artistiques. Ainsi, les données sont analysées à l'aide de l'ANCOVA à plan factoriel 2×2 lorsque la communication pré-acoustique est prise comme covariable. Le résultat est donné dans le tableau 4.3.

Tableau 4.3 : Résumé de l'ANCOVA du plan factoriel 2×2 pour la communication acoustique en référence à la discipline N=90

Source de la variation	df	$SS_{x.y}$	$MSS_{x.y}$	$F_{x.y}$
Traitement(a)	1	31276.005	31276.005	270.287**
Discipline (b)	1	670.064	670.064	5.791
a×b	1	2206.814	2206.814	19.071**
Erreur	85	9835.684	115.714	
Total	90	985023.000		

**Significatif au niveau de 0,01

4.3.1 Effet du traitement sur la communication acoustique en prenant la communication pré-acoustique comme covariable

Le tableau 4.3 montre que la valeur F de la communication acoustique pour le traitement est de 270,287, ce qui est significatif au niveau .01 avec df=1/90 lorsque la communication acoustique préalable est prise comme covariable. Cela indique que le score moyen de la communication acoustique des apprenants formés par la PNL est significativement supérieur à celui de leur homologue, le groupe de la méthode conventionnelle, lorsque la communication acoustique préalable est considérée comme covariable. Il y a donc un effet significatif du traitement sur la communication acoustique des enseignants stagiaires lorsque la communication acoustique préalable est considérée comme covariable. À la lumière de ce qui précède, l'hypothèse nulle selon laquelle il n'y a pas d'effet significatif du traitement sur la communication acoustique lorsque la communication pré-acoustique est prise comme covariable est rejetée. De plus, le score de communication acoustique du groupe PNL est de 128,4091, ce qui est significativement plus élevé que celui du groupe témoin dont le score moyen ajusté de communication acoustique est de 72,9348. On peut donc dire que le programme neurolinguistique s'est avéré supérieur à la méthode conventionnelle lorsque la communication pré-acoustique est prise comme covariable.

4.3.2 Effet de la discipline du sujet sur la communication acoustique en prenant la communication pré-acoustique comme covariable

La valeur F- de la communication acoustique pour la discipline est de 5,791 (voir tableau 4.3), ce qui n'est pas significatif au niveau 0,1 avec df=1/90. Cela montre que les scores moyens ajustés de la communication acoustique des enseignants stagiaires appartenant à la discipline des sciences et à celle des arts ne diffèrent pas de manière significative. Il n'y a donc pas d'effet significatif de la discipline sur la communication acoustique des enseignants stagiaires lorsque la communication acoustique préalable est prise comme covariable. À la lumière de ces éléments, l'hypothèse nulle selon laquelle " il n'y a pas d'effet significatif de la discipline sur la communication acoustique des étudiants lorsque la communication pré-acoustique est considérée comme covariable " est acceptée. Ainsi, on constate que la discipline a un effet non significatif sur la communication acoustique lorsque la communication pré-acoustique est considérée comme covariable.

4.3.3 Effet de l'interaction entre le traitement et la discipline du sujet sur la communication acoustique en prenant la communication pré-acoustique comme covariable.

La valeur F- de la communication acoustique pour l'interaction entre le traitement et la discipline est de 19.071 (voir tableau 4.3), ce qui est significatif au niveau 0.1 avec df=1/90. Cela montre qu'il y a un effet significatif sur la résultante de l'interaction entre le traitement et la discipline parmi les enseignants stagiaires lorsque la communication pré-acoustique est prise comme covariable. Dans cette optique, l'hypothèse nulle selon laquelle 'il n'y a pas d'effet significatif de l'interaction entre le traitement et la discipline sur la communication acoustique parmi les enseignants stagiaires lorsque la communication acoustique préalable est prise comme covariable', est rejetée. De plus, le score moyen ajusté de la communication acoustique des deux disciplines des enseignants stagiaires du groupe PNL est de 128,409. Ce résultat est significativement plus élevé que celui du groupe conventionnel dont la moyenne ajustée de la communication acoustique dans les deux disciplines est de 72,9348. On peut donc dire que la communication acoustique est affectée par l'interaction entre le traitement et la discipline parmi les enseignants stagiaires lorsque la communication acoustique préalable est prise comme covariable. Afin d'étudier la tendance de l'effet de l'interaction entre le Traitement et la Discipline sur la Communication Acoustique des enseignants en formation lorsque la Communication Acoustique préalable est prise comme covariable, elle est projetée à travers le graphique 4.2.

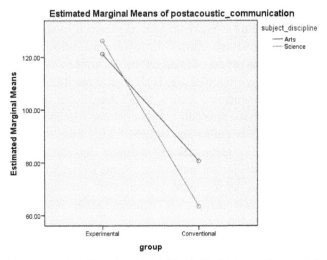

Covariates appearing in the model are evaluated at the following values: preacoustic_communication = 49.2222

Le graphique 4.2 montre que les stagiaires en sciences et en arts traités par le programme neurolinguistique (NLP) possèdent une communication acoustique presque identique. D'autre part, les stagiaires en sciences et en arts possèdent une communication acoustique différente. Néanmoins, les stagiaires en sciences du groupe NLP présentaient une meilleure communication acoustique que ceux du groupe des disciplines artistiques.

4.4.0 EFFET DU TRAITEMENT, DE L'INTELLIGENCE MULTIPLE ET DE LEUR INTERACTION SUR LA COMMUNICATION ACOUSTIQUE EN PRENANT LA COMMUNICATION PRÉ-ACOUSTIQUE COMME COVARIABLE.

Le quatrième objectif est d'étudier l'effet du traitement, de l'intelligence et de leur interaction sur la communication acoustique en prenant la communication pré-acoustique comme covariable. Les deux traitements sont le programme neuro-linguistique et la méthode conventionnelle. Sur la base de l'intelligence multiple, les sujets sont divisés en deux niveaux : intelligence multiple élevée et faible. Ainsi, les données sont analysées à l'aide d'un plan factoriel 2×2 ANCOVA lorsque la communication pré-acoustique est prise comme covariable. Le résultat est donné dans le tableau 4.4

Tableau 4.4   Résumé du plan factoriel 2×2 ANCOVA pour la communication acoustique en référence à l'intelligence multiple

N = 90

Source de la variation	df	SS $_{x.y}$	MSS $_{x.y}$	F $_{x.y}$
Traitement(a)	1	31121.684	31121.684	282.210**
Intelligence (b)	1	1226.246	1226.246	11.120**
a × b	1	1955.973	1955.973	17.737**
Erreur	85	9373.666	110.278	
Total	90	985023.722		

**Significatif au niveau .01

4.4.1 Effet du traitement sur la communication acoustique en prenant la communication pré-acoustique comme covariable

Le tableau 4.4. montre que la valeur F de la communication acoustique pour le traitement est de 282.210, ce qui est significatif au niveau 0.1 avec df =1/90 lorsque la communication acoustique préalable est prise comme covariable. Cela indique que le score moyen de la communication acoustique des apprenants formés par la PNL est significativement supérieur à celui de leur homologue du groupe conventionnel lorsque la communication acoustique préalable est considérée comme covariable. Il y a donc un effet significatif du traitement sur la communication acoustique lorsque la communication pré-acoustique est considérée comme une covariable. Ainsi, l'hypothèse nulle selon laquelle " il existe un effet significatif du traitement sur la communication acoustique des enseignants stagiaires lorsque la communication pré-acoustique est considérée comme une covariable " est rejetée. De plus, le score moyen de communication acoustique du groupe PNL est de 128,4091, ce qui est significativement plus élevé que celui du groupe de la méthode conventionnelle, dont le score moyen de communication acoustique est de 72,9348. Par conséquent, on peut dire que la programmation neurolinguistique en tant que traitement est supérieure à la méthode conventionnelle pour faciliter la communication acoustique lorsque la communication pré-acoustique est prise comme covariable.

4.4.2 Effet de l'intelligence multiple sur la communication acoustique en prenant la communication pré-acoustique comme covariable

La valeur F- de la communication acoustique pour l'intelligence est de 11.120 (voir tableau 4.4), ce qui est significatif au niveau 0.1 avec df=1/90. Cela montre que le score moyen de la communication acoustique des enseignants stagiaires appartenant à une intelligence multiple élevée et à une intelligence multiple faible diffère significativement. Cela signifie qu'il y a un effet significatif de l'intelligence sur la communication acoustique chez les enseignants stagiaires lorsque la communication pré-acoustique est prise comme covariable. À la lumière de ce qui précède, l'hypothèse nulle selon laquelle " il n'y a pas d'effet significatif de l'intelligence sur la communication acoustique des enseignants en formation lorsque la communication pré-acoustique est considérée comme une covariable " est rejetée. Ainsi, la communication acoustique dépend de l'intelligence multiple lorsque la communication pré-acoustique est considérée comme une covariable.

4.4.3 Effet du traitement d'interaction et de l'intelligence sur la communication acoustique en prenant la communication pré-acoustique comme covariable.

La valeur F de la communication acoustique pour l'interaction entre le traitement et l'intelligence multiple est de 17,737 (voir tableau 4.4), ce qui est significatif. Cela indique qu'il y a un effet significatif de la résultante de l'interaction entre le traitement et l'intelligence multiple sur la communication acoustique chez les enseignants stagiaires lorsque la communication acoustique préalable est prise comme covariable. À la lumière de ce qui précède, l'hypothèse nulle selon laquelle " il n'y a pas d'effet significatif de l'interaction entre le traitement et l'intelligence sur la communication acoustique des enseignants stagiaires lorsque la communication pré-acoustique est prise comme covariable ", est rejetée. On peut donc conclure que la communication acoustique dépend de l'interaction entre le traitement et l'intelligence lorsque la communication pré-acoustique est considérée comme une covariable, comme le montre le graphique 4.3.

Graphique 4.3 : Effet de l'interaction entre le traitement et l'intelligence multiple sur la communication acoustique

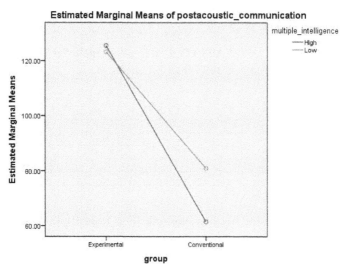

Le graphique 4.3 montre que les enseignants en formation possédant une intelligence multiple élevée et faible, traités par le programme neurolinguistique (PNL), possèdent une communication acoustique presque équivalente. D'autre part, les enseignants en formation possédant une intelligence multiple faible et élevée du groupe de contrôle possèdent un degré différent de communication acoustique. Néanmoins, les enseignants du groupe NLP possédant une intelligence multiple élevée ont montré une meilleure communication acoustique que ceux possédant une intelligence multiple faible.

4.5.0 EFFET DU TRAITEMENT, DE LA MOTIVATION ET DE LEUR INTERACTION SUR LA COMMUNICATION ACOUSTIQUE EN PRENANT LA COMMUNICATION ACOUSTIQUE COMME COVARIABLE

Le cinquième objectif est d'étudier l'effet du traitement, de la motivation et de leur interaction sur la communication acoustique en prenant la communication pré-acoustique comme covariable. Les deux traitements sont la programmation neuro-linguistique et la méthode conventionnelle. Sur la base de la motivation, le sujet est divisé en deux niveaux : motivation élevée et motivation faible. Ainsi, les données analysées à l'aide du plan factoriel 2×2

ANCOVA, où la communication pré-acoustique est prise comme covariable, sont présentées dans le tableau 4.5.

Tableau 4.5 Résumé de l'ANCOVA du plan factoriel 2×2 pour la communication acoustique en référence à la motivation

N=90

Source de la variation	df	$SS_{x.y}$	$MSS_{x.y}$	$F_{x.y}$
Traitement(a)	1	31795.739	31795.739	288.983**
Motivation (b)	1	1160.078	1160.078	10.544**
a × b	1	2031.895	2031.895	18.467**
Erreur	85	9352.236	110.026	
Total	90	985023.000		

**Significatif au niveau de 0,01

4.5.1 Effet du traitement sur la communication acoustique en prenant la communication pré-acoustique comme covariable

Le tableau 4.5 montre que la valeur F de la communication acoustique pour le traitement est de 288,983, ce qui est significatif au niveau .01 avec df=1/90 lorsque la communication acoustique préalable est considérée comme covariable. Cela indique que le score moyen de la Communication Acoustique des enseignants stagiaires formés par la Programmation Neuro Linguistique est significativement supérieur à celui de leur homologue, le groupe de la Méthode Conventionnelle, lorsque la Communication Acoustique préalable est considérée comme covariable. Cela signifie qu'il existe un effet significatif du traitement sur la communication acoustique des enseignants en formation lorsque la communication acoustique préalable est considérée comme une covariable. À la lumière de ces éléments, l'hypothèse nulle selon laquelle " il n'y a pas d'effet significatif du traitement sur la communication acoustique des enseignants en formation lorsque la communication pré-acoustique est considérée comme une covariable " est rejetée. En outre, le score de communication acoustique du groupe PNL est de 128,4091, ce qui est significativement plus élevé que celui du groupe de la méthode conventionnelle, dont le score moyen de communication acoustique est de 72,9348. On peut donc dire que le programme neurolinguistique est supérieur à la méthode conventionnelle pour améliorer la communication acoustique lorsque la communication pré-acoustique est prise comme covariable.

4.5.2. Effet de la motivation sur la communication acoustique en prenant la communication pré-acoustique comme covariable

La valeur F- de la communication acoustique pour la motivation est de 10,544 (voir tableau 4.5), ce qui est significatif au niveau .01 avec df=1/90. Cela montre que les scores moyens de la communication acoustique des enseignants en formation ayant une forte motivation et ceux ayant une faible motivation diffèrent significativement. Cela signifie qu'il y a un effet significatif de la motivation sur la communication acoustique lorsque la résolution créative préalable est prise comme covariable. A la lumière de ce qui précède, l'hypothèse nulle, selon laquelle " il n'y a pas d'effet significatif de la motivation sur la communication acoustique parmi les enseignants en formation lorsque la communication pré-acoustique est prise comme covariable ", est rejetée. Ainsi, la communication acoustique est affectée par la motivation lorsque la communication pré-acoustique est prise comme covariable.

4.5.3 Effet de l'interaction entre le traitement et la motivation sur la communication acoustique en prenant la communication pré-acoustique comme covariable

La valeur F de la communication acoustique pour l'interaction entre le traitement et la motivation est de 18,467 (voir tableau 4.5), ce qui est significatif au niveau .01 avec df=1/90. Cela montre qu'il y a un effet significatif de la résultante de l'interaction entre le Traitement et la Motivation sur la Communication Acoustique parmi les enseignants stagiaires lorsque la Communication Acoustique préalable est prise comme covariable. À la lumière de ces résultats, l'hypothèse nulle selon laquelle " il n'y a pas d'effet significatif de l'interaction entre le traitement et la motivation sur la communication acoustique des enseignants stagiaires lorsque la communication pré-acoustique est prise comme covariable " est rejetée. On peut donc conclure que l'interaction entre le traitement et la motivation a un impact sur la communication acoustique des enseignants en formation lorsque la communication pré-acoustique est prise comme covariable. Cet effet d'interaction entre la motivation et la communication acoustique est présenté dans le graphique 4.4.

Graphique 4.4 : Résumé de l'ANCOVA du plan factoriel 2×2 pour la communication acoustique en référence à la motivation.

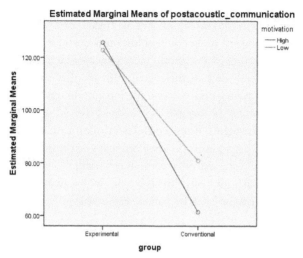

Estimated Marginal Means of postacoustic_communication

Covariates appearing in the model are evaluated at the following values: preacoustic_communication = 49.2222

D'après le graphique 4.4, on peut voir que les enseignants en formation ayant une motivation élevée et faible, traités par le programme neurolinguistique (PNL), possèdent la communication acoustique dans la même mesure. D'autre part, dans le groupe de la méthode conventionnelle, les enseignants en formation ayant une motivation faible ou élevée ont un degré de communication acoustique différent. Néanmoins, les enseignants stagiaires hautement motivés des deux groupes ont montré une meilleure communication acoustique que ceux qui étaient moins motivés.

4.6.0 EFFET DU TRAITEMENT, DU RAPPORT SOURCE-RÉPONDANT ET DE LEUR INTERACTION SUR LA COMMUNICATION ACOUSTIQUE EN PRENANT LA COMMUNICATION PRÉ-ACOUSTIQUE COMME COVARIABLE

Le sixième objectif est d'étudier l'effet du traitement, du rapport source-répondant et de leur interaction sur la communication acoustique en prenant la communication pré-acoustique comme covariable. Les deux traitements sont la programmation neuro-linguistique et la méthode conventionnelle. Sur la base du rapport source-répondant, les sujets sont divisés en deux niveaux, à savoir un rapport source-répondant élevé et faible. Ainsi, les données sont analysées à l'aide d'un plan factoriel 2×2 ANCOVA où la communication pré-acoustique est prise comme covariable. Le résultat est donné dans le tableau 4.6.

Tableau 4.6. Résumé de l'ANCOVA du plan factoriel 2×2 pour la communication acoustique dans le rapport source-répondant de référence

N=90

Source de la variation	df	$SS_{x.y}$	$MSS_{x.y}$	$F_{x.y}$
Traitement(a)	1	31619.157	31619.157	283.109**
Source Répondant Rapport (b)	1	1061.337	1061.337	9.503**
a × b	1	1930.704	1930.704	17.287**
Erreur	85	9493.279	111.686	
Total	90	985023.000		

*Significatif au niveau .01

4.6.1 Effet du traitement sur la communication acoustique en prenant la communication pré-acoustique comme covariable

Le tableau 4.6 montre que la valeur F de la communication acoustique pour le traitement est de 283,109, ce qui est significatif à 0,1 avec df=1/90 lorsque la communication acoustique préalable est prise comme covariable. Cela montre que le score moyen ajusté de la Communication Acoustique des enseignants stagiaires traités par le Programme Neuro Linguistique est significativement supérieur à celui de leur homologue, le Groupe de Contrôle, lorsque la Communication Acoustique préalable est considérée comme covariable. Ainsi, il existe un effet significatif du traitement sur la communication acoustique des enseignants en formation lorsque la communication acoustique préalable est considérée comme covariable. À la lumière de ce qui précède, l'hypothèse nulle selon laquelle il n'y a pas d'effet significatif du traitement sur la communication acoustique lorsque la communication pré-acoustique est considérée comme une covariable, est rejetée. De plus, le score moyen de communication acoustique du groupe PNL est de 128.4091, ce qui est significativement plus élevé que celui du groupe méthode conventionnelle dont le score moyen de communication acoustique est de 72.9348. On peut donc dire que la PNL est supérieure à la méthode conventionnelle pour faciliter la communication acoustique lorsque la communication pré-acoustique est prise comme covariable.

4.6.2 Effet du rapport source-répondant sur la communication acoustique en prenant la communication pré-acoustique comme covariable.

La valeur F- de la communication acoustique pour le rapport source-répondant est de 9,503 (voir tableau 4.6.), ce qui n'est pas significatif. Cela montre que les scores moyens de la communication acoustique des enseignants stagiaires appartenant à un rapport source-répondant élevé et à un rapport source-répondant faible ne diffèrent pas significativement. Cela signifie qu'il n'y a pas d'effet significatif du rapport source-répondant sur la communication acoustique des enseignants stagiaires lorsque la communication pré-acoustique est prise comme covariable. À la lumière de l'hypothèse nulle, selon laquelle " il n'y a pas d'effet significatif du rapport entre la source et le répondant sur la communication acoustique lorsqu'elle est prise comme covariable ", est rejetée. Ainsi, le rapport source-répondant ne s'avère pas efficace sur la communication acoustique lorsque la communication pré-acoustique est prise comme covariable.

4.6.3 Effet de l'interaction entre le traitement et le rapport source-répondant sur la communication acoustique en prenant la communication pré-acoustique comme covariable.

La valeur F de la communication acoustique pour l'interaction entre le traitement et le rapport avec la source est de 17,287 (voir tableau 4.6), ce qui est significatif au niveau .01 avec df=1/90. Cela montre qu'il existe un effet significatif de la résultante de l'interaction entre le traitement et le rapport avec la source sur la communication acoustique des enseignants stagiaires lorsque la communication acoustique préalable est prise comme covariable. À la lumière de ce qui précède, l'hypothèse nulle selon laquelle " il n'y a pas d'effet significatif de l'interaction entre le traitement et le rapport du répondant source sur la communication acoustique des enseignants stagiaires lorsque la communication pré-acoustique est prise comme covariable ", est rejetée. On peut donc conclure que la communication acoustique dépend de l'interaction entre le traitement et le rapport avec le répondant source lorsque la communication acoustique préalable est considérée comme une covariable. Cette interaction entre le traitement et le rapport avec le répondant source sur la communication acoustique est présentée dans le graphique 4.5 suivant.

Graphique 4.5 :   Effet de l'interaction entre le traitement et le rapport source-répondant sur la communication acoustique

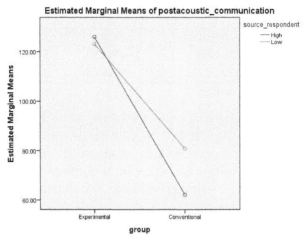

Le graphique 4.5 montre que les enseignants stagiaires ayant un rapport source-répondant élevé et faible, traités par le programme neurolinguistique (PNL), possèdent une communication acoustique presque identique. D'un autre côté, les enseignants stagiaires possédant un rapport source-réponse faible et élevé du groupe de contrôle possèdent un degré différent de communication acoustique. Néanmoins, les enseignants stagiaires possédant un rapport source-réponse élevé dans les deux groupes ont montré une meilleure communication acoustique que ceux possédant un rapport source-réponse faible.

4.7.0 CHANGEMENT DE LA RÉACTION VERS PROGRAMME NEUROLINGUISTIQUE (PNL)

Le septième objectif était d'étudier le changement de réaction à la programmation neurolinguistique chez les enseignants en formation. Pour étudier la réaction des enseignants en formation à la programmation neurolinguistique (PNL), une échelle de réaction PNL a été administrée. Les participants du groupe expérimental ont été pré et post testés par l'échelle de réaction de la PNL. Cela signifie que les participants ont été évalués après la première phase du traitement et à la fin du traitement. Les données relatives à la réaction à la PNL ont été analysées par le biais d'un test t corrélé. Le résultat est présenté dans le tableau 4.7.

Tableau 4.7 : Moyenne, écart-type et valeur t corrélée pour le changement de réaction envers la programmation neurolinguistique (PNL)

N=44

Essais	Moyenne	S.D	Valeur t
Pré-test	58.4091	6.95272	
Post-test	132.2273	8.82086	41.921**

**Significatif au niveau de 0,01

    Le tableau 4.7 montre que la valeur t co-reliée est de 41,921, ce qui est significatif au niveau de 0,01 avec df=1/44. Cela indique que le score moyen de la réaction à la PNL évalué à deux moments du traitement diffère significativement, ce qui indique qu'il y a eu un changement significatif dans la réaction à la PNL, pendant le traitement et à la fin du traitement. A la lumière de cela, l'hypothèse nulle selon laquelle " il n'y a pas de différence significative dans le changement de réaction envers le Programme Neuro Linguistique pendant et à la fin du traitement " est rejetée. De plus, la moyenne de la pré-réaction à la programmation neurolinguistique est de 58,4091, ce qui augmente dans la post-réaction à la programmation neurolinguistique à 132,2273. Ainsi, d'après le score moyen de la réaction, on peut dire que les enseignants stagiaires ont exprimé une réaction favorable tout au long du traitement qui a augmenté à la fin du traitement.

CHAPITRE - V

CONCLUSION ET DISCUSSION

5.0.0 INTRODUCTION

Les objectifs de la présente étude ont été présentés au chapitre I. L'analyse des données par objectif a été effectuée en utilisant les techniques appropriées mentionnées au chapitre III. Les résultats ainsi que leur interprétation ont été présentés au chapitre IV. L'interprétation des analyses présentées au chapitre IV a permis de dégager les conclusions suivantes. Des discussions objectives liées à ces résultats sont également présentées dans ce chapitre.

5.1.0 FICHES

1. Le programme neurolinguistique a permis d'améliorer la communication acoustique des enseignants en formation.

2. Le Programme Neuro Linguistique s'est avéré être significativement supérieur à la méthode conventionnelle pour faciliter la communication acoustique.

3. Il y a eu un effet significatif de la résultante de l'interaction entre le Traitement et le Sexe sur la Communication Acoustique.

4. Le traitement, la discipline et leur interaction ont eu un effet non significatif sur la communication acoustique des enseignants en formation.

5. Il y a eu un effet d'interaction entre le traitement et l'intelligence multiple sur la communication acoustique des enseignants en formation.

6. Il existe un effet d'interaction entre le traitement, la motivation et la communication acoustique améliorée sur les enseignants stagiaires.

7. Il y a eu un effet interactionnel du traitement, du rapport source-répondant sur la communication acoustique des enseignants stagiaires.

8. Les enseignants stagiaires ont exprimé une réaction favorable à la programmation neurolinguistique pendant le traitement, qui s'est renforcée vers la fin du programme.

9. Les disciplines n'ont pas eu d'effet sur la communication acoustique chez les enseignants stagiaires.

5.2.0 DISCUSSION SUR LES OBJECTIFS

Les résultats de l'étude sont discutés par objectifs dans les rubriques suivantes.

5.2.1 COMPARAISON DE LA COMMUNICATION ACOUSTIQUE DU GROUPE PNL AVEC CELLE DU GROUPE MÉTHODE CONVENTIONNELLE

Le premier objectif était de comparer le score moyen de la communication acoustique du groupe PNL avec le groupe de la méthode conventionnelle. Il a été constaté que le score de communication acoustique du groupe PNL était supérieur à celui du groupe de la méthode conventionnelle. Ce résultat indique que le score de communication acoustique du groupe NLP diffère significativement du groupe de la méthode conventionnelle lorsque la communication acoustique préalable est prise comme covariable. La raison possible de ce résultat pourrait être que le groupe NLP a profité de l'occasion pour renforcer ses compétences en matière d'écoute et d'expression orale. De plus, les participants à différents stades ont eu l'occasion de développer leurs compétences à différents niveaux. Les différentes stratégies de la Programmation Neuro Linguistique ont permis de répondre aux disparités entre les apprenants. Les apprenants ont donc pu montrer leur capacité de communication à différentes occasions. Alors que le groupe de la méthode conventionnelle a poursuivi ses activités normales pendant que le groupe de la PNL s'occupait surtout de l'écoute. Néanmoins, ces apprenants savaient généralement comment communiquer mais en l'absence d'opportunité, ils n'ont pas pu pratiquer leur compétence de communication liée à l'acoustique. Par conséquent, le groupe PNL a obtenu de meilleurs résultats en communication acoustique que le groupe de la méthode conventionnelle.

Cette conclusion est soutenue par **Khalandi, Chnour et Zoghi, Rashideh** (2017) qui ont trouvé que la PNL est un moyen efficace pour développer la compétence d'écoute des apprenants qui se concentre sur l'apprentissage et la tâche d'enseignement pour une communication efficace et un processus d'apprentissage selon les différents groupes d'âge et les différents intérêts des apprenants présents dans la classe. **Aroudhan, Hayat Eid** (2018) a également constaté que la PNL ne fournit pas seulement le problème de la solution de manière flexible, mais développe également les compétences d'expression orale des étudiants. Cette compétence aide les étudiants à communiquer avec les autres et à résoudre les problèmes de manière radicale.

L'autre étude de **N.Amin, Jayendrakumar et Patel, Jagruti** (2015) explore l'utilisation de la programmation neuro-linguistique pour l'amélioration des compétences de communication. La PNL améliore effectivement la compétence de communication et aide à la réalisation de l'objectif. **Lashkarian, Anita et Sayadian, Sima** (2015) se sont concentrés sur " L'effet des techniques de programmation neuro-linguistique (PNL) sur la motivation des jeunes apprenants iraniens de l'EFL, l'amélioration de l'apprentissage, et sur le succès de l'enseignant ". L'étude comprenait un échantillon de 60 étudiants qui a catégorisé 30 comme dans le groupe d'expérience et 30 comme groupe de contrôle. La recherche était de nature expérimentale. Les données ont été recueillies par le biais d'un questionnaire et d'un entretien. Les résultats ont montré que les techniques PNL ont un effet significatif sur la réussite des enseignants. La raison en est que l'enseignant se concentre sur la communication entre l'étudiant et l'enseignant, ce qui renforce l'environnement d'apprentissage et développe une relation positive entre les étudiants et l'enseignant pour communiquer de manière appropriée.

5.2.2. EFFICACITÉ DU TRAITEMENT, DU SEXE ET DE LEUR INTERACTION SUR LA COMMUNICATION ACOUSTIQUE

Le deuxième objectif était d'étudier l'efficacité du traitement, du sexe et de leur interaction sur la communication acoustique des enseignants stagiaires. Il a été constaté que la communication acoustique dépendait du traitement, du sexe et de leur interaction. La raison de cette constatation pourrait être que le traitement encourage les compétences de communication, en particulier l'écoute et l'expression orale des apprenants dans les pratiques de classe au cours de différentes tâches. Les pratiques en classe se sont concentrées sur la représentation perceptive des vues pour la sensibilisation au genre et à la communication. Cette prise de conscience a été développée au cours de la compréhension de la lecture. Par conséquent, le genre a joué un rôle important dans l'effet interactif de la communication acoustique chez les apprenants de la PNL. Ce type de facilité n'a pas été fourni aux apprenants du groupe de la méthode conventionnelle. La différence entre les sexes pendant la communication est restée. Alors que les apprenants des deux sexes du groupe PNL ont excellé dans la communication acoustique. Les apprenants masculins et féminins ont participé de manière égale aux activités de la PNL, ce qui a minimisé la disparité de la communication acoustique. D'autre part, les apprenants du groupe de la méthode conventionnelle ont continué à adopter le comportement habituel des deux sexes ou défini par la culture. Par conséquent, les apprenants masculins et féminins du groupe PNL ont pu surpasser les participants masculins et féminins du groupe de la méthode conventionnelle en montrant une meilleure communication acoustique.

Cette conclusion est corroborée par l'étude de **Hughey, Jim D**, qui visait à étudier le rôle du genre dans la communication en classe et qui a constaté que lorsque les apprenants masculins et féminins ont la même opportunité en classe, ils font preuve du même niveau de communication.

5.2.3 EFFICACITÉ DU TRAITEMENT, DE LA DISCIPLINE DU SUJET ET DE LEUR INTERACTION SUR LA COMMUNICATION ACOUSTIQUE

Le troisième objectif était d'étudier l'efficacité du traitement, de la discipline et de leur interaction sur la communication acoustique des enseignants stagiaires. Il a été constaté que le traitement, la discipline et leur interaction avaient un effet sur la communication acoustique. Cela signifie que la communication acoustique dépend du traitement, de la discipline et de leur interaction.

La raison pourrait être que l'expérience des étudiants en sciences en matière de communication acoustique était comparativement plus importante que celle des étudiants en arts. L'expérience et l'information parmi les enseignants stagiaires de la discipline scientifique ont été plus utilisées pour la communication acoustique pendant le neuro-linguisme que les enseignants stagiaires de la discipline artistique. Par conséquent, la discipline s'est avérée dépendre du traitement et de son interaction sur la communication acoustique.

D'autre part, les stagiaires appartenant aux disciplines artistiques et scientifiques du groupe conventionnel ont conservé leurs habitudes antérieures en matière d'acoustique. Par conséquent, la Discipline de la matière a eu un effet significatif sur l'Acoustique parmi le groupe PNL. Ce résultat est similaire à l'étude menée par **Morreale, Sherwayn P. (2014)** qui a réalisé une étude descriptive transversale des disciplines scientifiques et artistiques pour étudier la communication et a constaté qu'il existe une différence significative dans la communication entre les disciplines artistiques et scientifiques. En dehors de l'habitude de la science et des participants des arts ont été donnés l'égalité des chances dans différentes tâches. Ainsi, les participants des arts pourraient dans une certaine mesure aiguiser leur écoute et la compétence de parole. Ainsi, le traitement, la discipline et leur interaction affectent la communication acoustique.

5.2.4. EFFICACITÉ DU TRAITEMENT, DE L'INTELLIGENCE MULTIPLE ET DE LEUR INTERACTION SUR LA COMMUNICATION ACOUSTIQUE

Le cinquième objectif était d'étudier l'efficacité du traitement, de l'intelligence multiple et de leur interaction sur la communication acoustique des enseignants en formation. Il a été constaté que le traitement, l'intelligence multiple et leur interaction avaient un effet sur la communication acoustique. Cela signifie que la communication acoustique dépend du traitement, de l'intelligence multiple et de leur interaction.

La raison de cette constatation pourrait être que l'intelligence multiple, y compris le facteur divergent, a été davantage utilisée pour développer les compétences acoustiques dans le groupe PNL. Les tâches incluses dans la programmation de la PNL nécessitaient une intelligence différente pour les accomplir. Le traitement a permis aux participants d'explorer différentes intelligences à différents stades et de les utiliser avec diligence sur la plate-forme de la session PNL. Cette reconnaissance de l'intelligence multiple pendant la PNL, a donc eu un effet d'interaction sur la communication acoustique. D'autre part, les stagiaires appartenant au groupe de la méthode conventionnelle étaient plus habitués à utiliser leur capacité rationnelle dans le processus de classe.

Cette conclusion est soutenue par l'étude de **Srikuruwal, Rajani (2011)**, qui a constaté que l'intelligence multiple était validée pendant la communication entre les enseignants stagiaires. L'intelligence multiple était liée à l'implication de la connaissance de la communication interpersonnelle et de la communication intrapersonnelle. **Carlin Rebena, Aleena** (2010) ont également trouvé l'intelligence multiple efficace pour la communication. Même, **F . E. Gouws** (2007) a trouvé un effet significatif de l'intelligence sur les résultats d'apprentissage. Un meilleur résultat d'apprentissage provient des activités d'apprentissage utilisées en situation de classe. L'intelligence crée des connaissances et des compétences en utilisant la communication en classe. Elle est renforcée par l'utilisation des meilleures opportunités offertes par l'enseignant et les aide à réaliser leur propre potentiel. Par conséquent, les apprenants ayant une intelligence multiple plus élevée dans les deux groupes ont montré une meilleure acoustique que ceux ayant une intelligence multiple faible.

5.2.5. EFFICACITÉ DU TRAITEMENT, DE LA MOTIVATION ET DE LEUR INTERACTIO SUR LA COMMUNICATION ACOUSTIQUE

Le cinquième objectif était d'étudier l'efficacité du traitement, de la motivation et de leur interaction sur la communication acoustique. Il a été constaté que le traitement, la motivation et leur interaction affectent la communication acoustique. Cela signifie que la communication acoustique dépend du traitement, de la motivation et de leur interaction.

La raison de ce résultat pourrait être que la tâche du PNA a motivé le participant. Cette motivation externe l'a probablement motivé à bien performer. Et plus tard, il a développé une motivation interne pour effectuer l'acoustique. Par conséquent, le traitement, la motivation ont eu un effet interactionnel sur l'acoustique. Les stagiaires du groupe PNL ont pu engager leur motivation interne et externe pour entreprendre des tâches neurolinguistiques. D'autre part, tous les participants du groupe conventionnel n'ont peut-être pas pu exercer leur motivation. Par conséquent, seuls ceux qui sont restés très motivés ont pu obtenir de meilleurs résultats. Mais dans le groupe PNL, tous les participants ont pu exercer leur motivation intérieure pour exceller en acoustique. Cela a minimisé la disparité entre les participants très motivés et ceux qui l'étaient moins. Ainsi, la communication acoustique dépend de l'effet interactionnel du traitement et de la motivation.

Ce résultat est soutenu par **Hashimoto, Yuki** (2013) qui dans sa recherche a identifié la motivation nécessaire à la communication. Ainsi, la communication acoustique dépend de la motivation et de son effet d'interaction avec le traitement.

5.2.6. EFFICACITÉ DU TRAITEMENT, RAPPORT DU RÉPONDANT SOURCE ET LEUR INTERACTION SUR LA COMMUNICATION ACOUSTIQUE

Le sixième objectif était d'étudier l'efficacité du traitement, du rapport source-réponse et de leur interaction sur la communication acoustique des enseignants stagiaires. Il a été constaté que la PNL, le rapport source-répondant et leur interaction avaient un effet sur la communication acoustique. Cela signifie que la communication acoustique dépend du traitement, du rapport source-réponse et de leur interaction.

La raison de cette constatation pourrait être que le participant du groupe PNL, tout en effectuant la tâche, pouvait se rapporter à l'intensité vocale et le locuteur est le confort pour l'engagement, a développé leur relation. Il se peut également que le traitement se soit poursuivi pendant 84 jours, ce qui a rendu chacun d'entre eux interdépendant pour l'accomplissement de la tâche et la réussite. De plus, la réalisation de certaines tâches exigeait une coordination entre pairs lors de la présentation des compétences. Cela a renforcé l'affinité entre les participants aux formations. En revanche, les participants du groupe de la méthode conventionnelle n'ont peut-être pas pu bénéficier d'une telle atmosphère. Par conséquent, l'interaction entre le rapport du répondant source et le traitement a eu un impact plus important sur la communication acoustique que sur le groupe de la méthode conventionnelle. Ainsi, la communication acoustique dépend de l'interaction entre le traitement et le rapport entre la source et le répondant.

Cette conclusion est soutenue par **Dobransky, Nicole Denise** (2008) qui, dans sa recherche, a identifié le rôle de la relation enseignant-élève pour l'apprentissage. Les résultats ont montré que l'impact du programme a amélioré le rapport source-répondant, par conséquent. **Elhay, Amir Abd, et Hershkovitz, Amon** (2018) ont constaté que la communication en classe était positivement affectée par la relation enseignant-élève. Ainsi, la communication acoustique dépend du rapport source-répondant et de son interaction avec le traitement.

5.2.7. CHANGEMENT DE RÉACTION FACE AU PROGRAMME PNL

Le septième objectif de l'étude était d'étudier le changement de réaction envers le programme neurolinguistique pendant le traitement et à la fin du traitement. Il a été constaté qu'il y avait un changement positif à la fin du traitement. Cela signifie que les enseignants stagiaires ont favorisé le programme neurolinguistique dès le début, ce qui a été renforcé à la fin du traitement. Ce changement de réaction pourrait être dû au fait que le programme neurolinguistique a développé les compétences d'écoute et d'expression. L'objectif du programme était d'améliorer la relation entre l'étudiant et l'enseignant, de réduire l'effet des facteurs externes et d'améliorer leurs compétences linguistiques. Par conséquent, cette intervention a peut-être donné lieu à des résultats positifs. Ce résultat est soutenu par l'étude menée par **N.Amin, Jayendrakumar et patel, Jagruti** (2015), qui a constaté que les étudiants qui ont appris par la PNL, améliorer leur attitude, la confiance en soi pour une communication efficace. Une étude similaire a été réalisée par **Hosseinzadeh, Ehsan et Baradaran, Abdollah** (2015) dont le résultat de l'étude était qu'il y avait une amélioration des performances lors des tests. **Farah, Jacoub al et Bawalsah, Joseph et Khateeb, Bassam Al** (2016) a également constaté que lorsque la PNL a été utilisé dans différents domaines de la vie.Ainsi, le groupe expérimental a montré une meilleure compétence de communication par rapport au groupe de contrôle. Les étudiants du groupe expérimental ont atteint la maîtrise sur un niveau plus élevé de la compétence de communication en classe.

RÉFÉRENCES

Ababio, Bethel T. (2013). Motivation et enseignement en classe de la géographie. Vol.-1, pp- 2-15. Récupéré de- https://pdfs.semanticscholar.org/b8fe/50291208 392ab6e1e b62cf179ea053a812a8.pdf

Abosede, Subuola Catherine (2017). *Différence de genre dans la communication ; implications pour l'enseignement en classe dans les écoles nigérianes.* IOSR Journal of Research & Method in Education. Vol.- 7, no. 3 PP 40-48 . Récupéré de- httpwww.iosrjournals.orgiosr-jrmepapersVol-7%20Issue-3Version-4G0703044048.pdf.

Afzal, Hasan et Ali, Imran (2010). *A study of university students' motivation and its relationship with their academic performance.*vol.-2.n0.4. pp- 80-88. Récupéré de- www.ccsenet.org/ijbm

Ahmed, Salem. (2007). *Une étude sur la motivation des apprenants d'EFL au niveau secondaire supérieur au Bangladesh.* Département d'anglais, Université de Jahangirnagar. Récupéré de http sfiles.eric.ed.govfulltextED545542.pdf

Ahuja, G.C. *Manual for Group Test of Intelligence* (G.G.T.I) 13 to 17+ Years, Agra, Agra National Psychological Corporation, 1976.

Alroudhan, Hayat eid (2018). *L'effet du coaching en programmation neuro-linguistique sur l'apprentissage de l'anglais.* Volume : 7 Numéro : 4 . Récupéré de- https://journals.aiac.org.au/index.php/IJALEL/article/view/4478/3469.

Akpinar, Kadriye Dilek (2009). Développement des compétences en communication des enseignants en formation EFL. Vol.-5. No.-9. Pp-217-234. Récupéré de- http://www.jlls.org/ index.php/jlls/article /view/76

Amin, Jayendrakumar, N. et Patel. Jagruti (2015). *Utilisation de la programmation neuro linguistique pour l'amélioration de la communication,* Vol 4, pp 5-12. Récupéré sur *aygrt.isrj.org/ UploadedData/5135.pdf* .

Amruthraj R.M (2013). *Les questions de genre dans la pratique de l'école et de la salle de classe. Frontières de la psychologie.* Vol. 24. Pp-132-146. Récupéré de- https...www.lot publications.nlDocuments38_fulltext.pdf

ANSI (2002). *American National Standard : Acoustical Performance Criteria, Design Requirements, and Guidelines for Schools,* Melville, NY : Acoustical Society of America.

ANSI (2010) *American National Standard Acoustical Performance Criteria, Design Requirements, and Guideline for Schools, Part 1 : Permanent Schools America,* Vol 80, pp 846-854. Consulté sur https://www. Armstrongceilings.com/com mercial/en-us/articles/classroom-acoustis-ansi- stanarrd.html.

Arif, Ernita (2014). *La prise en compte du genre en classe : étude du comportement de communication enseignant à l'école primaire.* Journal international des sciences humaines et sociales Vol. 4, n° 9.Pp-266-290.Récupéré de - httpwww.ijhssnet.comjournalsVol_4_No_9_July_201 430. Pdf

Arici, Ismet (2018). Les compétences de communication des étudiants des départements de beaux-arts des facultés d'éducation. Vol.- 4. Pp-87-98. Récupéré de- https://www.researchgate.net/publication/329745380_Communication_skills_of_students_in_fine_arts_departments_of_education_faculties

Aroudhan, Hayat Eid. (2018).L'effet du coaching en programmation neuro-linguistique sur l'apprentissage de l'anglais. Vol.- 7.pp-184-200. Récupéré de- https://www.research gate.net/publication/326150359_The_Effect_of_ Neuro-linguistic_Programming_Coaching_on_Learning_English.

Ashaver, Sandra Mwuese Igyuve Doosuur (2013). *L'utilisation de matériel audiovisuel dans les processus d'enseignement et d'apprentissage dans les collèges d'éducation dans l'État de Benue-Nigeria.* Journal of Research & Method in Education (IOSR-JRME) Vol.- 1, Issue - 6, pp- 44-55. Récupéré de- www.iosrjournals. org www.iosrjournals.org 44 | Page

B. Scott. (2012). L'effet de la louange sur la motivation des étudiants dans le cours de communication de base. Vol.-28.pp-78-98. Récupéré de- https://pdfs.semanticscholar.org/1ee9/89fc13db8c3bcd47babf8c9d160cb0d8b79d.pdf

Bandler, Richard (2008). *Comprendre les stratégies PNL pour une meilleure communication sur le lieu de travail* : Repika press pvt ltd. Hong Kong.

Bashir, Ahsan (2012). *Communication efficace et programmation neuro linguistique.* Pak.j. comer. Vol.-6. N0. 1. Pp-216-222. Récupéré de- httpwww.jespk.netpublications85.pdf.

Bates, Mac Arthur (2010). Inventaire du *développement communicatif de MacArthur*.http://www.wales.nhs.uk/sitesplus/documents/980/macarthur_cdi1.pd

Bernard, Jaclyn (2010). *La motivation dans l'apprentissage des langues étrangères : la relation entre les activités en classe, la motivation et les résultats dans un environnement universitaire d'apprentissage des langues.* Université Carnegie Mellon. Récupéré de

Bess, F. H. (1999). Classroom *acoustics : An overview. The Volta Review*, Vol 5, pp 1-14. Consulté sur https://www.cisca.org/files/public/Acoustics% 20HYPERLINK in%20 Schools_ CISCA.pdf

Bhatnagar, Asha (1982) . *Une étude de certains facteurs affectant la participation des étudiants aux études.* Vol-43.pp-232-245. Récupéré de http://eprint.iitd.ac.in/ bitstream/2074/5723/1/TH-624.pdf

Bianchi, Michelle (2007). *Effets de la parole claire et de l'expérience linguistique sur les caractéristiques acoustiques de la production de voyelles*. Graduate Theses and Dissertations, Vol 5, pp 43-52. Récupéré de http://scholarcommons.usf.edu/et d/631

Bias, Kamaruddin(20120. *Influence de l'interaction entre l'enseignant et l'étudiant dans le comportement en classe sur la motivation académique et des étudiants dans l'institut de formation des enseignants en Malaisie*. Academic research international. Vol-2.no.1 pp-580-589.

Binulal, K.R. 92013). *Programmation neurolinguistique sur le développement de la compréhension de la lecture chez les étudiants du secondaire supérieur*. vol. 2. numéro 7 pp-50-53 . Récupéré de juillet_2013_1374046305_e453d_19

Borthakur, Satyakam A et Ambalika . (2015) . L'*innovation dans la communication en classe et l'utilisation des arts du spectacle comme une alternative appropriée*. Vol.-20, numéro 6. Récupéré de - 10.9790/0837-20613639 www.iosrjournals.org 36 | Page

Brekelmans, M., Wubbels, Th., & Brok, P. den (2012). *L'expérience de l'enseignant et la relation enseignant-élève dans l'environnement de la classe*. Studies in educational learning environments : an international perspective.vol. 53.pp. -73-99. Récupéré de- httpswww.academia.edu 234358Expérience_de_l'enseignant_et_la_relation_enseignant-élèveh Ip_dans_l'environnement_de_la_classe.

Brno (2012). *La mise en œuvre des techniques de programmation neurolinguistique dans l'enseignement de l'anglais*. Université Masaryk. Faculté d'éducation.

Bruner, Lios M.(2013). *Une étude exploratoire de la programmation neuro linguistique et de l'anxiété de communication*. Naval postgraduate school, Californie. Récupéré de-fileCUsersstudentDesktopnlp%20nd%20ac60042.pdf (2)

Bukurie Lila (2016). *facteurs qui entravent la motivation de l'étudiant - Une étude de cas de l'albanie*. Journal scientifique européen.vol.12. no.-16. pp-128-140. Récupéré de- 10.19044/esj.20 16 .v12n16p237 URL:http://dx.doi.org/10.19044/ esj.2016.v12n16p237

Carlin, Rebeca Elena, Salazar, Maria DelCarmen et Cortes,Susana Velazouez(2010) . *Une étude mexicaine de l'intelligence multiple pour les professeurs d'anglais langue étrangère en formation initiale*. Benemérita Universidad Autónoma de Puebla, Mexique. Récupéré de -

Certains plafonds en dents de scie (2008). *Écouter ou entendre : Les choix de plafonds qui font la différence dans l'éducation d'un enfant*. Consulté sur http://archrecord. construct ion.com/schools/ resources/0712/CertainTeed.pdf.

Chada, N.K. et Ganesan, Usha. *Social intelligence scale,* 1973 social intelligence scale, Prasad pycho corporation. Récupéré de http;//shodhganga. inflibnet.ac.in/bitstream /1 0603/33836/3/chapitre 3.pdf

Charlton, Benjamin D., Taylor, Anna M et Reby, David (2013). *Les hommes sont-ils meilleurs que les femmes pour les jugements de taille acoustique* ? Vol - 69. pp- 561-568. Récupéré de - httpsroyalsocietypublishing.orgdoipdf10.1098rsbl.2013.0270\

Cheryan, Sapna, Sianna, A. Ziegler, Victoria C. Plaut et Andrew N. Meltzoff (2014). *Concevoir des salles de classe pour maximiser la réussite des élèves*, vol.1, pp 4-12. Récupéré sur bbs.sa gepub.com/content/1/1/4.abstract.

Chrzanowski, Marcin M. , Cieszynsk, Agnieszka et Ostrowska, Barbara. (2015). *La communication pendant les cours de sciences*. Vol.- 174. Pp-.496-502. Récupéré de- https://www.sciencedirect.com/science/article/pii/S187 7042815007454

Claudius, Francis. (2016). *Une communication efficace grâce aux techniques de programmation neuro-linguistique* (PNL). Récupéré de- https://snef.org.sg/wp-content/uploads/2018 /11/Appliquer-le-pouvoir-de-la-PNL-Neuro-Linguistic-Programmation-Techniques-au-travail-.pdf

Connor, Joseph O (1994). *Compétences PNL pour les formateurs et les communicateurs : Thorson publication*. Angleterre, pp 22.

Conti, Gary J. et Mcclellan, Joyce A. (2008). *Identifier l'intelligence multiple de vos étudiants. journal of adult education.vol.37.no. 13.extrait de-*

Crandell, C. C., & Smaldino, J. J. (1999). *Acoustic modifications for the classroom. The Volta Review,* Vol 101(5), pp 33-46. Récupéré de httpsHYPERLINK :"https://www.cisca.oriisca.org/files/public/ Acoustics% 20in%20Schools_CISCA.pdf.

Da Luz, Fredson Soares Dos Reis. (2015). *La relation entre les enseignants et les élèves dans la salle de classe : Approche communicative de l'enseignement des langues et stratégie d'apprentissage coopératif pour améliorer l'apprentissage. In Mémoires et projets de master de BSU.* Item22.Récupéré sur httpspdfs.semanticscholar.org91521c4b584eed94mfcc6b47f49d2 004b27 1f6373.pdf.

Da Luz, Fredson Soares Dos Reis. (2015). *La relation entre les enseignants et les élèves dans la salle de classe : Approche communicative de l'enseignement des langues et stratégie d'apprentissage coopératif pour améliorer l'apprentissage. In Mémoires et projets de master de BSU.* Vol -22.pp-225-238. Récupéré sur http://vc.bridgew.edu/theses/225-1-2015

Dahbi, Manar. (2013). Interactions entre enseignants et élèves en classe : l'influence du genre, de la dominance académique et du style de communication de l'enseignant. Vol.-32. Pp-198-219. Récupéré de- https://www.questia.com/library/journal/ 1G1-65306451/teacher-student-classroom-interactions-the-influence.

Dahdah, Emily Grace. *(2017). Capacités d'enseignement culturellement intelligentes (CQ) : Les capacités CQ des artistes enseignants de Neighborhood Bridges dans les salles de classe urbaines.* UNIVERSITÉ DU MINNESOTA. Récupéré de- httpsconservancy.umn.edubitstreamhandle1129918 8851Dahdah_umn_ 0130E_18198.pdfsequence=1.

Dammak, Mouna Kchaarem, Azaiezi, Fairouz et Bahloul, Mourad. (2015). Étude quantitative de la communication verbale de l'enseignant envers les filles et les garçons. Vol.-6. pp- 1336-1341. Récupéré de- https://www.scirp. org/jour nal/PaperInformation.aspx ? PaperID=57879

Dehui Hu et Benjamin M. Zwickl (2017). Enquête qualitative sur les points de vue des étudiants sur la physique expérimentale. Vol.-10. Pp-. 298-306. Récupéré dehttps://www.researchgate.net/publication/321737336_Qualitative_ investigation_of_students'_views_about_experimental_physics.

Davis, Tami Mullens,(2012). *Une analyse de l'anxiété de communication et de la compréhension de la lecture chez les élèves de sixième, septième et huitième année*. Thèses et mémoires électroniques. 2471. Récupéré sur http://stars.library.ucf. edu/etd/2471.

Diloyan, Angela (2017). *L'importance de la communication en classe : l'impact des compétences de communication efficaces sur l'enthousiasme des étudiants*. Université américaine d'Arménie. Récupéré de httpsbaec.aua.amfiles201709 Angela_Diloyan_L'importance de la communication en classe_Capstone.pdf.

Dislen, Gokee(2013). *Les raisons du manque de motivation de la voix des élèves et des enseignants. Revue des sciences sociales universitaires*. Vol-1.no.1pp-35-45. Retrieved from- httpwww.asosjournal.comMakaleler121323120_ 13%20-%20G%C3%B6k%C3%A7e%2 0Di%C5%9Flen.pdf

Dobransky, Nicole Denise (2008). *Optimiser l'apprentissage par la relation enseignant- étudiant : un test du processus causal mode de compréhension de l'étudiant*. Thèses de doctorat de l'Université du Kentucky. Récupéré de http://uknowledge.uky.edu/gradschool _diss/668.

Dobransky, Nicole Denise. (2008). *Optimisation de l'apprentissage par le biais des relations entre enseignants et étudiants : un test du modèle de compréhension de l'étudiant du processus occasionnel*. Connaissance de l'Université du Kentucky. Vol 57 numéro 5.pp-1-10. Récupéré dehttps://www.researchgate.net/publication/254341826_Factor_Structure_of_the_StudentTea cher_Relationship_Scale_for_Norwegian_Schoolage_Children_Explored_with_Confirmatory _Factor_Analysis.Paper668..http://uknowledge.uky.edu /gradschool_diss/668

Dockrell, J. E., Bakopoulou, I., Law, J., Spencer, S. & Lindsay, G. (2012). *Communication Supporting Classrooms Observation Tool,The Communication trust*. Consulté à l'adresse suivante : https://www.thecommunicationtrust. org.uk/media/93866/tct_bcrp_csc_final.pdf.

Duta, Nicoleta. Panisoara, Georgeta et Ovidiu,Ion (2015). La communication efficace dans l'enseignement : étude diagnostique concernant la motivation d'apprentissage académique aux étudiants. vol.-186. Pp- 1007-1012. Récupéré de- https://www.sciencedirect.com/science/article/pii/S1877042815023241

Dzung, Phuong (2008). Résumé d'article de recherche en linguistique appliquée et en technologie éducative : une étude de la réalisation linguistique de la structure théorique et de la position de l'auteur. Vol.-10.pp-231-250. Récupéré de- https://www. researchgate.net/p ublication/249712762_Research_article_abstracts_in_applied_linguistics_and_educational_te chnology_A_study_of_linguistic_realizations_of_rhetorical_structure_and_authorial_stance

Elhay, Amir Abd, et Hershkovitz, Amon (2018). *Perceptions des enseignants sur la communication hors classe, la relation enseignant-élève et l'environnement de la classe. Éducation et technologies de l'information* vol. 24 : pp-385-406. Consulté sur - httpslink.springercomcontent pdf 10.100 7%2Fs10639-018-9782-7.pdf.

Erwan, Pépiot (2014). *Parole masculine et féminine : une étude du f0 moyen, de l'intervalle de f0, du type de phonation et du débit de parole chez des francophones parisiens et des anglophones américains. Speech* Prosody vol.7. pp- 305-309. Récupéré de - httpshalshs.archives-ouvertes.frhalshs-00999332 document.

Erwan, Pepiot (2013). *Voix, parole et genre : différences acoustiques homme-femme et variations inter-langues chez les locuteurs anglais et français* . XVemes Rencontres Jeunes Chercheursdel, Vol 268, pp 258-286. Récupéré sur https://halshs. archives-ouvertes.fr/halshs - 007 64811

F.E. Gouws (2007). *Enseigner et apprendre à travers les intelligences multiples dans la salle de classe de l'éducation basée sur les résultats,* Africa Education Review. Vol-4. No.-2. pp-60-74. *Récupéré de-* https ://doi.org/10.1080/181466 20701652705.

Fabio, Torrico (2015). *Techniques théâtrales pour améliorer les compétences d'expression orale et la motivation dans la classe secondaire EFL.* facultad de filología. Departamento de inglés. Récupéré de- httpswww.ncbi.nlm.nih.govpmcarticlesPMC44 53269pdffps yg-06-00746.pdf.

Farah, Jacoub , Al, Bawalsah , Joseph & Khateeb, Bassam Al. (2016*) l'efficacité d'un programme basé sur (NLP) dans le développement de la communication chez les élèves doués de sixième année à amman* . Journal international de l'éducaton. Vol. 8, No.1. Récupéré sur . http://dx.doi.org/10. 5296/ije.v8i1.9210

Fermier, Ann Bainbridge & Marian L. Houser (2006). La relation enseignant-élève en tant que relation interpersonnelle. Vol.-49. Pp- 207-219. Récupéré dehttps://www.researchgate.net/publication/248940159_The_teacher-student_relationship_as_an_interpersonal_relationship

Fidinillah, Mildan Arsdan (2017). *Les effets des méthodes de programmation neuro linguistique vers la compétence d'expression orale des étudiants.* Journal of English Language Teaching .Volume 02, numéro 01,

Flerros, Edward Garcia (2004). *Comment la théorie des intelligences multiples peut guider les pratiques des enseignants.* Département de l'éducation des États-Unis. Université de Villanova. Récupéré de- https://www.researchgate.net/publication/329745380_

Gablinske, Patricia Brady.(2014). *Une étude de cas sur les relations entre étudiants et enseignants et l'effet sur l'apprentissage des étudiants.* Dissertations en libre accès. .récupéré sur http://digitalcommons.uri.edu/oa_diss/266

Garcia, David Pelegrin (2011). *Le rôle de l'acoustique de la salle de classe sur la régulation de l'intensité vocale et le confort des locuteurs.* Université technique du Danemark. Récupéré de httporbit.dtu.dkfedoraobjectsorbit89807datastreamsfile_ 6419051content.

Ghavifekr, S. et Rosdy, W.A.W. (2015). *Enseigner et apprendre avec l'echnologie : Efficacité de l'intégration des TIC dans les écoles.* internation Journal of Research in Education and Science (IJRES). Vol.-2. Pp-175-191. Récupéré de- 872986256277c6d449d2297fce7bd5262ad8.

Guay, Frued, Vallerand, Robert J.et C'eline Blanchard.(2000). *Sur l'évaluation de la motivation intrinsèque et extrinsèque situationnelle : L'échelle de motivation situationnelle (SIMS)).* Motivation and Emotion, Vol. 24, No. 3, 2000 retrieving from https://self determination theory.org/SDT/documents/2000_Guay VallerandBlanchard_MO.pdf

Guilloteaux, Zoltan, Dorney, MarieJ. (1998). *Motivating Language Learners : Une enquête orientée vers la salle de classe sur les effets des stratégies de motivation sur la motivation des étudiants.* Vol-42. Issue-3.pp-132-146. Récupéré sur https://doi.org/10.1002/j.1545-7249.2008.tb00207.x

H.Brain, Spitzberg,. Adams.W.Thomas. (2007). *Conversational Skill Rating Scale,National Communication Asocciation..*vol87. Récupéré sur https://www.natcom.org/sites/default/files/pages/Basic_Course_and_Gen_Ed_Conversational_Skills_Rating_Scale.pdf

Hacicaferoglu.,Serkan, (2014). *Enquête sur la compétence de communication, journal international de la science culture et du sport.* Récupéré sur http://www.iscsjournal.com/DergiTamDetay.aspx?ID=55

Hall, Vernon C. (2017). *Examen de la recherche sur les modèles de communication en classe, conduisant à l'amélioration des performances des élèves.* Centre d'information sur les ressources éducatives. Vol.76.pp-1-32. Récupéré de httpsfiles.eric.ed. govfulltextED127292.pdf.

Hashimoto, Yuki (2013). *Motivation et volonté de communiquer comme prédicteurs de l'utilisation déclarée deL2 : le contexte japonais de l'anglais langue seconde.* The modern language journal. Vol. *14.* no. 2. Pp-197-214. Récupéré de l'URL:http://dx.doi.org/ 13134644/mlj.2016.v12n16p237

Hassaskhah, Jaleh et Zamir, Sara Roshan (2013). *Interactions genrées entre enseignants et étudiants en classe d'anglais : un cas de contexte collégial iranien.*vol-8.pp-1-11. Récupéré de httpsjournals.plos.orgplosone articlefileid=10.1371journal.pone.01 16572&type=printable.

Hayat, Alroudhan (2018). *Évaluation de l'efficacité du coaching en programmation neuro linguistique sur l'amélioration de l'apprentissage de l'anglais.* Journal international de recherche en langue anglaise et en linguistique.Vol.6, n° 5, pp. 1-20. Récupéré sur www.eajournals.org.

Heming, Andrea Lauren (2008). *Les intelligences multiples dans la salle de classe.* Honors College Capstone Experience/Thesis Projects. Vol.-138. Récupéré de- http://digitalcommons.wku.edu/stu_hon_theses/138

Hidayati, Wiwin Sri (2016). Description Communication verbale en mathématiques des élèves futurs professeurs de mathématiques dans la pratique de l'enseignement. Vol.-6. No.-6. Pp- 8-14. Récupéré de- http://www.iosrjournals.org/iosr-jrme/papers/Vol-6%20Issue-6/Version-4/B0606040811.pdf

Hilal Almara'beh, Ehab F. Amer, Amjad Sulieman. (2015). *L'efficacité des outils d'apprentissage multimédia dans l'éducation.* Journal international de recherche avancée en informatique et génie logiciel. Vol.- 5. Issue -12. Récupéré de- https://www.researchgate.net/ publication/290429349.

Hirschfeld-Cotton, Kimberly. (2008). Mathematical Communication, Conceptual Understanding, and Students' Attitudes towards Mathematics. Vol.-07, pp-3188-3207.

Récupéré de- https://digitalcommons.unl.edu/cgi/view content.cgi?article=1011&context=mathmidactionresearch

Hosseinzadeh, Ehsan et Baradaran, Abdollah (2015). *Enquête sur la relation entre l'autonomie des enseignants iraniens d'EFL et leur programmation neuro linguistique. Enseignement de la langue anglaise.* Vol 8. No. 7. Pp - 68-76. Récupéré sur http://dx.doi.org/10.5539/elt.v8n7p68.

Hughey, Jim D.(2010). *Interpersonal sensitivity,communication encounters, communicative responsiveness and gender. speech communication association.* Récupéré de - httpsfiles.eric.ed.gov fulltextED247630.pdf

Ihmeideh,F. , A., Kholoud, Ahmed.,A. (2010). *Attitudes towards Communication Scale,*Australin Journal of Teacher Education,vol-135 issue 41.

Ishihara, Manabu (2013). *Développement du système de communication auditive chez un individu et dans la classe,* Vol 3, pp 163-171. Récupéré de link.springer .com/chapter/10.1007% F97 8-3-642-39194-1_19.ISSN-L : 2223-9553, ISSN : 2223-9944.

Jagadambal, C. (2015). La relation entre l'étudiant et l'enseignant. Vol.- 67. Pp-78-90. Récupéré de- https://education.cu-portland.edu/blog/classroom-resources/positive -student-teacher-relationships/

Jeff, Kerssen-Griep. (2011*). Activités de communication de l'enseignant pertinentes pour la motivation des élèves : Classroom facework and instructional communication competence,* vol.- 50. No.-3.pp- 256-273. Récupéré sur https://doi.org/10.1080/03634520109379252.

Jefferson, Charles Peeler (2007). *La mise en œuvre des intelligences multiples dans la salle de classe pour améliorer l'apprentissage des élèves.* Association américaine de psychologie. Récupéré de-

Karen Anderson et Joseph Smaldino (1999). *Inventaires d'écoute pour l'éducation : Une mesure en classe.* Récupéré de https://successforkidswith hearingloss.com/wp-content/uploads/2011/08/LIFE-R.pdf

Kahan, Dan M. (2017). 'Ordinary science intelligence' : une mesure de compréhension de la science pour l'étude du risque et de la communication scientifique, avec des notes sur l'évolution et le changement climatique. Vol.-3.pp- 995-1016. Retrieved from- https://www.tandfonline.com/doi/full/10.1080/13669877.2016.1148067

Khalandi, Chnour et Zoghi, Rashideh (2017*).* *L'effet du PNL (apprentissage accéléré) sur la compréhension orale des apprenants iraniens de l'EFL.* Théorie et pratique des études linguistiques, vol. 7, n° 11, p. 1139-1148. Récupéré sur http://dx.doi.org/10.17507/tpls.0711.25

Khunyodying, Chanatipha . (2011). *L'utilisation des tâches créatives pour améliorer la motivation et les compétences d'écoute et d'expression orale des apprenants pour la communication : Une recherche-action. Études linguistiques.* Université de Payap. Récupéré de- httpswww.academia.edu12714930The_use_of_creative tâches_pour_renforcer_la_motivation_des_apprenants_et_les_capacités_d'écoute_et_de_parol e_pour_la_communication_Une_recherche_actionauto=téléchargement.

Kuehne, Lauren M. , Twardochleb, Laura A. et Fritschie, Keith J. (2017). Stratégies pratiques de communication scientifique pour les étudiants diplômés. vol.-20, pp-345-354. Récupéré de- https://conbio.onlinelibrary.wiley.com/doi/abs/ 10.1111/cobi.12305

Kuntze, Jeroen. Molen , Henk T. vander et Born, Marise (2016). La maîtrise des compétences de communication. L'intelligence est-elle importante ? Vol.-4. Pp-9-15. Récupéré de- https://www.sciencedirect.com/science/article/pii/S2452 301116300669

Koleva, Daniela Ilieva, Vazov, radostin (2014). *Techniques de programmation neuro linguistique pour perfectionner les compétences de présentation.* journal international pour la multipliciplinarité dans les sciences et les affaires. Vol 8 .pp- 30-37 .Récupéré de httpswww.academia.edu23381673Neuro-linguistic_Programming _Techniques _pour_Perfectionner_les_compétences_de_présentationauto=download.

Kross, E. (2009). *When the self becomes other : toward an integrative understanding of the processes distinguishing adaptive selfreflection from rumination.* Ann N Y Acad Sci, 1167, 35-40. doi : 10.1111/j.1749-6632.2009.04545.x

Lashkarian, Anita et Sayadian, Sima. (2015). L'effet des techniques de programmation neurolinguistique (PNL) sur la motivation des jeunes apprenants iraniens de l'EFL, l'amélioration de l'apprentissage et sur le succès de l'enseignant". Vol.- 199. Pp- 510-516. Récupéré de https://www.researchgate.net/publication/283164812_The_Effect_of_ Neuro_Linguistic_Programming_NLP_Techniques_on_Young_Iranian_ EFL_Learners'_Motivation_Learning_Improvement_and_on_Teacher's_ Success.

Leitao, Natalie et Waugh, Russell F. (2007). *Points de vue des élèves sur la relation enseignant-élève à l'école primaire.* Edith cowan university. Western australlia. Récupéré de httpswww.researchgate.netpublication 49281663_Students'_Views_of_Teacher-Student _Relationships_in_the_Primary_Schoolload-

Lewinski P. (2015). *Effets de l'architecture des salles de classe sur les performances académiques en vue de la motivation télique versus paratélique : une revue*, Vol 3, pp 6-7. Récupéré sur https://www ncbi.Nlm.nih.gov/pubmed/26089812.

Lourdusamy et SweKhine. (2001). *Interactions enseignant-enfant dans les classes d'éducation et de soins de la petite enfance.*Vol.33. Issue 4. pp-414-426. Récupéré sur https://weareadhd-i.cf/olddocs/download-classroom-management-facilitating-teaching-and-learning-by-myint-swe-khine-lourdusamy-atputhasamy-mobi.html.

Majid, Norliza Abdul. Jelas, Zalizan Mohd. Azman, Norzaini et Rahman, Saemah (2010). *Compétences en communication et motivation au travail chez les enseignants experts. Procedia social and behavioural sciences.* Vol.7 no.4. Récupérée de : fileCUsersstudentDownloadsCommunication_Skills_and_Work_ Motivation_ Amongst_E.pdf

Mamun, Md. Abdullah. (2014). *Efficacité des aides audio-visuelles dans l'enseignement des langues au niveau tertiaire.* Institut des langues BRAC (BIL). Retrieved from-httpspdfs.semanticscholar.org493dc05f4e9d974e9f621 96931b0af68fb3dbc0c

Mcgowen, Robert Scott (2007). The impact of school facilities on student achievement attendance, behaviour completion rate and teacher turnover rate in selected rate in selected texas high schools. Administration de l'éducation. Université du Texas. Récupéré de httpoaktrust.library. tamu.edubitstreamhandle1969.1ETD-TAMU-2054MCGOWEN-DISSERTATION.pdfsequence=1

McWilliams, Lauro., Horst, S.jeanne., L. Sundre., Donna. (2014). *Test de communication orale sur les compétences. International. Revue de la culture scientifique et du sport.* Récupéré dehttp://www.iscsjournal.com/Makaleler/1814462729_ 3.sayi_ic-sayfalar_7 hacicafer.pdf

Mealings, Kiri T. et Demuth, Katherine (2015). *Une évaluation des environnements d'écoute en classe ouverte et fermée pour les jeunes enfants. Journal of Educational, Pediatric & (Re) Habilitative Audiology*, Vol 1, pp 1-19. Récupéré de /w w.Edaud.org/journal/HYPERLINK

2015HYPERLINK /HYPERLINK 3HYPERLINK -articl e-HYPERLINK 15HYPERLINK .pdf.

Mercibah, R. et Nirmala, D. (2009). *the importance of student teacher relationship in schools*. Journal of School Psychology, vol.- 35,pp= 61-79. Récupéré de http://www.shvoong.com/social-science s/education/1866682

Michele, Settanni. Fraire, Michela. Longobardi, Claudio. Prino, Laura Elvira. Sclavo, Erica ; La escala. (2013). *Échelle de relation entre l'élève et l'enseignant*. Journal of Research in Educational Psychology, Universidad de Almería, vol. 11, issue. 31. pp.- 851-882.Récupéré sur http://www. contextoitaliano ; unestudiodevalidez.

Milatz A, Lüftenegger M et Schober B. (2015). *La proximité relationnelle des enseignants avec les élèves comme ressource pour le bien-être des enseignants : Une approche analytique de surface de réponse*. Front. Psychol. 6:1949. Récupéré de httpswww.ncbi.nlm.nih.govpmcarticlesPMC 4688354pdffpsyg-06-01949.pdf

Morreale, Sherwyn P. , Osborn, Michael M. et Pearson, Judy C. (2014). Pourquoi la communication est importante : une justification de la centralité de l'étude de la communication. Vol.-34. Pp- 1189-1206. Récupéré de- https://www.researchgate.net/publication/26545 5874_Why_Communication_is_Important_A_Rationale_for_the_Centrality_of_the_Study_of _Communication.

N. Amin, Jayendrakumar, N. et Patel. Jagruti. (2015). *Utilisation de la programmation neuro linguistique pour l'amélioration de la communication*. Vol-4. pp-532-549. Récupéré de *aygrt.isrj.org/ Uploade dData/5135 . pdf* .

Nadafian, Mahboobe et Mehrdad, Ali Gholami (2015) . *La relation entre les étudiants EFL - le genre et leur volonté de communiquer dans les classes de même sexe*. Association internationale des revues académiques. Vol.2, No.1 : pp= 93-102.

Nartani, C. Indah, Hidayat, Rosidah, Allim et Sumaiyati. (2015). La communication dans le contexte des mathématiques. Vol.-2. Pp- 2349-5219. Récupéré de- https://www.ijires.org/administrator/components/com_jresearch/files/publications/IJIRES_31 4_Final.pdf

Netten, Joan et Germain, Claude (2012). *Un nouveau paradigme pour l'apprentissage d'une langue seconde ou étrangère : l'approche neurolinguistique.* Vol. 1. No.1. pp-85-114. Récupéré sur https://doi.org/10.24046/neuroed.20120101.85

Ningsih, Merliani et Riyadi, Slamet. (2015). Améliorer la compétence d'expression orale des étudiants en utilisant la technique de programmation neuro-linguistique. Vol.-33.pp-1038-1045. Récupéré de- https://www.google.com/search?ei=XSZeXZL9BqrTz7sP6bG5-AM&q=im proving +studentys%2C+speaking+skill+using+Neuro+ LInguitic+programming+techniques&oq=improving+studentys%2C+speaking+skill+using+ Neuro+LInguitic+programming+techniques&gs_l=psy-ab.3....1202883.1239396..1241156...2.1..4.884.31743.2-12j62j5j7j1....0.. .1..gws-wiz.....6..0i71j0i308i154j0j0i67j0i13j0i13i30 j0i22i30j33i160j33 i10i160j33 i22i29i30j33i10i21j33i10.DPmVNrshDaM & ved=0ahUK EwjSn4nn3ZXkAhWq6XMBHelYDj8Q4dUDCAo&uact=5

Oberholzer, Charl (2013). *Le rôle de la programmation neuro linguistique dans l'amélioration du leadership organisationnel par le développement de la communication intrapersonnelle.* Université de Pretoria. Récupéré de httpsrepository.up.ac. zabitstreamhandle2263412850berholzer_Role_2014.pdfsequence=

Ojha,R.K. et Chaudhary, Ray. *Test d'intelligence verbale* 1958ological corporation 1976. Département de psychologie de l'éducation et fondation de l'éducation. National council of educational research and training, New Delhi.

Pal, S.K. et Mishra, K,S. (1991). *Credibility of B.Ed. joint entrance test in relation to intelligence, teaching aptitude and achievement in qualifying examination and B.Ed. annual examination.* Récupéré de. ebcache.google user content.com/search ?q=cache:LwzQkZ o8z7EJ : shodhganga.inflibnet.ac.in/bitstream/10603/32022/11/10_summary%2520and%2520conclusi ons.pdf+&cd=1&hl=en&ct=clnk&gl=in

Pandey, Pramod et kornana, Aruna (2016). *Sémantique générale, programmation neuro linguistique et langage en classe. L'innovation en classe.* Delhi. Pp - 98-129.

Paul, Tosey (2014). *La programmation neuro-linguistique comme innovation dans l'éducation et l'enseignement.* Vol.-47. No.-(3) : Pp-317-326. Récupéré de - https://www.researchgate.net/p ublication/233353470_Neuro-linguistic_ programming_as_an_iin_education_a nd_teaching.

Perry, Theodore L. Ohde, Ralph N. et Ashmead, Daniel H. (2011). *Les bases acoustiques de l'identification du genre à partir de voix d'enfants*. The journal of the acoustical society of America. Vol. 109. Pp-2988-2999. Récupéré sur https://asa.scitation.org/toc/jas/109/6

Persson Waye K, Magnusson L, Fredriksson S, Croy I (2015) *A Screening Approach for Classroom Acoustics Using Web-Based Listening Tests and Subjective Ratings*. PLoS ONE vol.- 10 no.-1 : extrait de -e0116572. doi:10.1371/journal.pone.0116572

Popenici, Stefan A.D., Kerr, Sharon (2017). *Exploration de l'impact de l'intelligence artificielle sur l'enseignement et l'apprentissage dans l'enseignement supérieur*. Popenici et Kerr Recherche et pratique de l'apprentissage amélioré par la technologie. vo.-12. Pp- 1-13. Récupéré de- https://telrp.springeropen.co m/track /pdf /10.1186/s41039-017-0062-8

Pramila, Ahuja, *Manual for Group Test of Intelligence* (G.G.T.I) 9-13years, Agra, Agra National Psychological corporation,1975

Puglisia, G.E, Contor, L.C. Parvesea, L. et LOrenzattia, V.(2015). Le *confort acoustique dans les salles de classe des lycées pour les élèves et les enseignants*. Vol-78. Pp-3096-3101. Récupéré de- 1-s2.0-S1876610215024959-main.

Rabelo, Alessandra Terra Vasconcelo. Oliveira, Rafaella Cristina (2014). *Effet de l'acoustique de la classe sur l'intelligibilité de la parole des élèves,* Vol 26, pp 5-12.

Radosz, Jan (2012) *Indice global de la qualité acoustique des salles de classe. Archives of Acoustics,* Vol. 3, pp 159-168. Récupéré de globalindex/dg/viewart icle.Fullcontentlink./aoa-2013-0018.pdf ?

Radosz, Jan. (2012) *Indice* global *de la qualité acoustique des salles de classe. ARCHIVES D'ACOUSTIQUE.* Vol.-38, pp. 159-168. Consulté à l'adresse www.degruyter.com/dg/viewarticle.fullcontentlink.../aoa-2013-0018.pdf ?

Richmond, Virginia P. (2014). La communication dans la salle de classe : Pouvoir et motivation. Vol.- 45. Pp- 181-195. Récupéré de- https://www.tandf online.com/doi/abs/10 .1080/03634529009378801.

Riyadi, Slamet (2016). *Améliorer la compétence d'expression orale des étudiants en utilisant la technique de programmation neurolinguistique.* Université Slamet Riyadi.

Rogoxinska, Ewa. (2015). La programmation neuro-linguistique pour l'enseignement et l'apprentissage. Vol.-9. Pp-149-159. Récupéré de-https://search.proquest.com/openview/ba4f47e1007ab4 46 f42a9ff9cafe010e/1?pq-origsite=gscholar & cbl=756357.

Ruononen, Kirsti (2013) . *La PNL dans l'éducation de la petite enfance - donner du pouvoir aux enfants.* École d'éducation. Université de tampere. Récupéré de- httptampu buta.fibitstm reamhandle1002494778gradu07166.pdf;sequence=1.

Sapriadil, S., Malik A et Hermita, N.(2014). Optimisation des compétences de communication scientifique des étudiants grâce au laboratoire virtuel de pensée d'ordre supérieur (HOTVL). Vol.- 89. Pp-120-138. Retrieved from-http://iopscience.iop. org/article/10.1088/1742-6596/1013/1/012050

Seep, B., Glosemeyer, R., Hulce, E., Linn, M., & Aytar, P. (2000*). Classroom acoustics : Une ressource pour créer des environnements d'apprentissage avec des conditions d'écoute souhaitables.* Melville, NY : Acoustical Society of America.

Seitova, Sabyrkul, Kozhasheva, Gulnar O. et Ryskul, Gavrilova.(2016). Particularités de l'utilisation des techniques de programmation neuro-linguistique dans l'enseignement. Vol-11. Numéro 5. pp. 1135-1149. Récupéré de- https://www. iejme.com/article/peculiarities-of-using-neuro-linguistic-programming-techniques-in-teaching.

Seon Mi Choi, Denise, Hye-young, Kim (2011). *Problematising pupil voice using visual methods a study*, Vol. 37, pp 585-603. Consulté sur http://journals.plos.org/plosone/article?id=10.1371/journal.pone.0116572.

Soo, Anita (2016). *Perspective de l'enseignant sur la relation élève-enseignant et la gestion de classe : stratégies pour entrelacer une relation positive et une gestion efficace en classe.* Département du curriculum, de l'enseignement et de l'apprentissage. Institut d'études pédagogiques de l'Ontario de l'Université de Toronto récupéré sur httpstspace.library.uto ronto.cabitstream 1807722911Soo_Anita_201606_MT_MTRP.pdf.

Srikuruwal, Rajini. *(2011).* Étude de l'efficacité du kit de formation sur une intégration de l'intelligence multiple en classe d'anglais. Université de Srinakharinwirot. Récupéré de - httpswww.tandfonline.comdoipdf10.108018146620701652705 (3)

Srivastava, Kiran et Saxena, Kiran.(1997). *Aptitude mentale générale des enfants. National Psychological Corporation.* Récupéré sur http://www.printsasia.com/book/general-mental-ability-test-for-children-7-to-yrs-hindi-others-r-p-srivastava

Stovar, Julian beatriz & Lglesia, Gradalupe de la (2012) *Academic Motivation Scale : adaptation et analyses psychométriques pour les lycéens et les étudiants.* Psychology Research and Behavior Management . vol5.pp-76-93.Retrived from https : //www. Dove press.com/academic-motivation-scalenbspadaptation-and-psychometric-analyses-for--peer-reviewed-article-PRBM

Sucaromana1, Usaporn (2012). *Contribution à l'enseignement et à l'apprentissage des langues : un examen de l'intelligence émotionnelle.* Enseignement de la langue anglaise. Vol.-5. N0.-9. Pp-54-58. Récupéré de- httpsed.psu.edupdsteacher-inquiry2008stropev.pdf

T.wubells, M.brekelemas. (2001). *Questionnaire on teacher interaction,*2001 International Journal of Educational Research. vol.43. pp- 6-24.Retrieved from https://doi .org/10. 100 2/j.1545-7249.2008.tb00207.x

Targutay, Meltem (2010). *Le rôle de la programmation neurolinguistique dans l'enseignement de l'anglais : perceptions des praticiens de l'enseignement des langues formés à la PNL sur les stratégies et techniques de la PNL utilisées en classe.* Université Bilkent. Ankara

Taylor, L. et Parsons, J. (2011). *Améliorer l'engagement des étudiants. Current Issues in Education.* vol- 14. No.-1.pp-1-33. Récupéré de= http://cie.asu.edu/

Tiesler, Gerhart. Machner, Rainer et Brokmann, Holger (2015). *L'acoustique en classe et son impact sur les comportements sanitaires et sociaux.* Science directe. Vol-78.pp-3108-3113- retrieved from-1-s2.0-S1876610215024959-main.

Traux, Barry. (1984). *Acoustic Communication.* Apex Publishing Corporation : Norwood.

Tripathi, N.K.M. et Tripathi, L.B. (1994) *Approval Motive Scale.* Psychology in India Revisited - Developments in the Discipline, Volume 32.pp-57-75.Retrieved from. https :// www.google.com/search?q=N.K.M.+Tripathi +and+L.B.+Tripathi+Approval+Motive+Scale+1994&oq=N.K.M.+ Tripathi+et+L.B.+Tripathi+Approval+Motive+Scale+1994&aqs=chrome..69i57.4102j0j8&so urceid=chrome&ie=UTF-8

Tuan, Luu Trong (2013*). Une recherche empirique sur la motivation des apprenants d'EFL. Théorie et pratique des études linguistiques*, vol. 2, n° 3, p. 430-439. Récupéré de- http.. www. academypublication.comissuespasttplsvo l020302.pdf.

Ueno, Junko (2010). La *différence entre les sexes dans la conversation japonaise*. Union college. vol.- 24 Pp-92-108. Récupéré de - httpsweb.uri.eduiaicsfiles08-Junko-Ueno.pdf

Vale, Isabel et Barbosa, Ana. (2017). L'importance de voir dans la communication mathématique. Vol.-52. Pp-234-246. Récupéré de- https://www.google.com/search?ei=s2ZeXavVJMib9QP78IrwCw&q=The+Importance+of+S eeing+in+Mathematics+Communication&oq=The+Importance+of+Seeing+in+Mathematics+ Communication&gs_l=psy-ab.3..33i160.286985.297289..298388...1.0..0.440.2789 .2-2j5j1......1.... 1j2..gws-wiz.....10..35i39.UJRuC8SnllQ&ved=0ahUKEwjr-ueUm5bkAhXITX0KHXu4Ar4Q4dUDCAo&uact=5

Vanhala, Anne Riitta . (2008). *comment motiver les étudiants et créer un environnement d'apprentissage favorable*. Formation des enseignants à orientation internationale. Vol.53.pp-1-46.retrieved from-httpswww.theseus.fibitstreamhandle10024 20412jamk_123789846_0.pdf sequence=1

Vieira, Cristina Rocha et Gaspar, Maria Filomena (2013). *Plenattitide : formation des enseignants pour l'efficacité et le bien-être avec la programmation neuro linguistique*. Revue de l'éducation de la Chine américaine. Vol3. No. 1-17. Récupéré de httpsfiles.eric.ed.govfulltextED540211.pdf.

Wai, Chan Kwok (2011). *Motivations et engagement des enseignants en service dans l'enseignement*. Hong kong teachers' centre journal. vol. 5. Pp-112-128. Récupéré de - d7b9fdb9196269466761b22b65ee076e7b

Yababio, Bethel t. (2013). *Motivation et enseignement en classe en géographie*. Journal international de l'innovation de l'éducation et de la recherche Vol. 1-03. Pp- 26-36. Récupéré de- fileCUsersstudentDownloads112-Article%20Text-293-1-10-20170120.pdf.

Yameen. Ayesha .Iftikhar , Lubna *(2014). La PNL comme stratégie pédagogique pour améliorer la compétence communicative des professeurs de langues, Vol 4, pp-331-336*. Récupéré de https://www.textroad.com/pdf/JAEBS/J.%20 Appl.%20Environ.%20Biol. %20Sci.,%204(7S)331-336,%202014.pdf

Youseef, Moustafa et George, Marian (@012) *Acoustical Quality Assessment of the Classroom Environment*. Vol. 26. Pp-5-12.

Zaman, Jenifara.(2015). *Rôle de la motivation dans l'apprentissage d'une deuxième langue : une étude des étudiants des universités privées au bangladesh*. Institut de langues du BRAC.

Récupéré de- httpdsp ace.bracu.ac.bdxmluibitstreamhandle103614898 14177001.pdfsequence =1&isAllowed=y.

I want morebooks!

Buy your books fast and straightforward online - at one of world's fastest growing online book stores! Environmentally sound due to Print-on-Demand technologies.

Buy your books online at
www.morebooks.shop

Achetez vos livres en ligne, vite et bien, sur l'une des librairies en ligne les plus performantes au monde!
En protégeant nos ressources et notre environnement grâce à l'impression à la demande.

La librairie en ligne pour acheter plus vite
www.morebooks.shop

KS OmniScriptum Publishing
Brivibas gatve 197
LV-1039 Riga, Latvia
Telefax: +371 686 204 55

info@omniscriptum.com
www.omniscriptum.com

Printed by Books on Demand GmbH, Norderstedt / Germany